si tu savais...

Couverture

- Photographie
  YVES NANTEL
- Maquette
  GAÉTAN FORCILLO

Maquette intérieure

- Copiste des partitions
  HÉLÈNE KAYA
- Maquette
  GAÉTAN FORCILLO

DISTRIBUTEURS EXCLUSIFS:

- Pour le Canada
  AGENCE DE DISTRIBUTION POPULAIRE INC.,*
  955, rue Amherst, Montréal H2L 3K4, (514/523-1182)
  *Filiale du groupe Sogides Ltée
- Pour l'Europe (Belgique, France, Portugal, Suisse, Yougoslavie et pays de l'Est)
  OYEZ S.A. Muntstraat, 10 — 3000 Louvain, Belgique
  tél.: 016/220421 (3 lignes)
- Ventes aux libraires
  PARIS: 4, rue de Fleurus; tél.: 548 40 92
  BRUXELLES: 21, rue Defacqz; tél.: 538 69 73
- Pour tout autre pays
  DÉPARTEMENT INTERNATIONAL HACHETTE
  79, boul. Saint-Germain, Paris 6e, France; tél.: 325 22 11

Georges Dor

si tu savais...

préface de Gaston Miron

LES ÉDITIONS DE L'HOMME*

CANADA: 955, rue Amherst, Montréal 132
EUROPE: 21, rue Defacqz — 1050 Bruxelles, Belgique

* **Filiale du groupe Sogides Ltée**

Bibliothèque nationale du Québec
Dépôt légal — 4e trimestre 1977

ISBN-0-7759-0561-5

Un homme, une voix

Quand un homme émerge de son mutisme séculaire et prend la parole, il contribue à renouveler la perception que nous avons de nous-même et notre vision du monde. C'est ce qui s'est passé avec Georges Dor. Quand il est apparu dans le domaine de la chanson, il parlait pour lui certes, mais aussi pour les siens et c'était, soudainement exprimés avec ferveur et simplicité, nous tous banalisés par l'histoire et la vie courante. L'expérience vécue et sentie par lui débouchait sur l'ensemble de nos rapports individuels et collectifs.

C'était, dans la société de 1965, parmi d'autres et avec eux, un homme qui prenait conscience de lui-même et de sa situation, qui se prenait en charge avec lucidité et foi. C'était beau. Il se disait en dehors des mythes, aussi ne disait-il pas les mêmes choses que les générations d'élites traditionnelles. Il nous signifiait dans notre appartenance, il nous identifiait avec vérité, à partir de la vie quotidienne. Dans cet esprit, Georges Dor n'appartenait pas à une nouvelle génération de chansonniers: c'était un homme nouveau, l'homme nouveau que tous nous nous efforcions de devenir.

Attention à cette parole, attention à cette voix. La voix de Georges Dor n'est ni belle ni riche, au sens musical des termes, mais c'est la voix riche et belle d'un homme qui parle pour tous les anonymes, ceux qui commencent d'avoir un visage et des paroles. Voix simple et par là émouvante ou bouleversante. Une authentique poésie s'y exprime, pas aliénante, pas exotique. Si nous l'écoutons distraitement, c'est à côté de nous-mêmes que nous risquons de passer, comme nous l'avons fait trop souvent et comme il n'est plus permis.

Gaston Miron

Avant-propos

J'achève présentement d'écrire un livre qui s'intitule LA VIE FICTIVE, livre que je voulais intituler LA VIE AFFICTIVE, rêvant d'inventer un nouvel adjectif, un mot qui décrive l'existence telle que je l'ai vécue jusqu'à maintenant: affictif au lieu d'affectif. Je n'ai précisément accepté d'écrire ce SI TU SAVAIS... que pour éviter que tout devienne fictif et s'égare à jamais dans le labyrinthe de nos vies passagères. Je ne m'attarde à des souvenirs récents et je n'ai accepté de les écrire que parce que je sais que tout est lointain, devant ou derrière, qui n'est pas la vie quotidienne. Me suis-je égaré dans la chanson, moi qui rêvais que tout soit poésie? Ou me suis-je égaré dans le vécu, moi qui croyais que tout allait être rêve? Ai-je tort de croire que le vécu, à commencer par le mien, ne finit toujours que par devenir potinage, et de croire encore que seul l'inexprimable offre quelque intérêt? L'inexprimable, ce sont les quelques photos et documents figurant dans ce livre et l'émotion qui m'étreint à la pensée qu'on n'exprime jamais L'INEXPRIMABLE!

Georges Dor

C'étaient les noces d'or de mes grand'parents, John Dore et Philomène Coderre; à leurs côtés se trouvent mes grand'parents maternels, Moïse Joyal et Agnès Paul. Est-ce bien moi qui suis assis sur la première marche du parvis de la vieille église du village de Saint-Germain...

Commençons par le commencement, le dix mars 1931. Je "viens" au monde ce jour-là, fils d'Emilia Joyal et de René Dore, eux-mêmes enfants d'Agnès Paul et de Moïse Joyal, d'une part, de Philomène Coderre et de John Dore, d'autre part, ce dernier étant fils de Patrick Dore et de Patsy Finnegan, émigrés irlandais... Voilà où tout commence et voilà, pour ainsi dire, le premier mot de ma chanson, à cette nuance près que j'étais le onzième couplet d'une longue chanson familiale qui en compterait quatorze, huit filles et six garçons. Comme je me plais souvent à le dire en boutade, je n'étais rien de nouveau ni dans la famille, ni dans la parenté qui s'étendait à perte de vue dans la plaine de Saint-Germain de Grantham, d'où je viens et où j'ai vécu mon enfance, et à Drummondville, où j'ai vu le jour et où j'ai vécu plus tard ma jeunesse. Voilà pour la naissance dont ma mère croit se souvenir qu'elle est survenue à cinq heures du matin, ce dixième jour de mars 1931, ce qui ferait de moi, pour les astrologues, un Poisson ascendant Balance; ceux qui s'intéressent à l'astrologie en prendront note, si cela les amuse, et nous continuons, pour les autres, la suite de la chanson.

Premier couplet: l'existence primaire et première, la plus belle, la plus douce: père et mère, frères et soeurs, école élémentaire dans ce village de Saint-Germain que je n'ai jamais quitté complètement, dans cette campagne plate et "plaine" et monotone, qui avait toutefois les vertus de ce que je nomme, moi, "l'infinitude". Il nous suffisait, dans cette morne plaine, de grimper dans un arbre pour dominer le monde, pour deviner au-delà des forêts à l'horizon le cercle de la terre, cercle viscéral ou cercle vicieux, cerceaux de l'enfance que nous poussions devant nous à l'aide d'un bout de bois en courant dans la rue principale dont je m'étonnais qu'elle s'appelât "rue principale", étant donné qu'elle était la seule et unique rue du village; sans doute avais-je tort de m'étonner ainsi et peut-être les rues uniques de tous les villages québécois étaient-elles toutes des avenues princières, les voies royales de notre québécitude.

Voilà donc pour l'enfance nébuleuse qui fut la mienne, nébuleuse et heureuse, toute contenue dans ce cercle familial et parental: famille, parenté, oncles et tantes qu'on appelait les "mon'oncle" et les "ma'tante", amis d'enfance et soeurs enseignantes aux mains douces et fines, transparents pour une belle écriture...

Que sont mes amis devenus
Que j'avais de si près tenus
Et tant aimés... (Rutebeuf)

Mais on ne revit pas plus son enfance qu'on n'écrit à nouveau Rutebeuf; toutefois, né en 1931 dans un petit village perdu dans la plaine, j'aurai tout de même eu le privilège de connaître le Québec au passé, au présent et au futur, et mes arbres de Noël auront d'abord été décorés de guirlandes vertes et rouges, avant d'être plus tard illuminés d'ampoules multicolores.

Le père, la mère et les enfants; beaucoup d'amour et pas d'argent. Plus le temps passe et plus j'y pense, c'était notre jardin d'enfance. ▷

C'est donc ainsi que commence ma chanson, dans l'infinitude de l'enfance et plus loin encore, dans cette lointaine Irlande malheureuse depuis des siècles, vouée à l'éternelle misère, et dont je suis l'un des arrière-petit-fils échoués en terre d'Amérique, précisément dans le huitième rang de Saint-Germain du canton de Grantham, autour des années 1845. Nous autres Québécois, perdus dans cette immense Amérique du Nord, reliés dans le lointain historique à la France et à la civilisation française et, dans l'immédiat (média-immédiat) à la domination anglo-saxonne, nous n'avons pas l'habitude de nous analyser, de nous situer ni dans le temps ni dans l'espace; les jeux de l'esprit, leur raffinement nous semblent interdits, et toutes nos vies auront été vécues sous le signe de l'urgence-neige.

Mon pays ce n'est pas un pays c'est l'hiver...a écrit Gilles Vigneault; mais Vigneault vient de NATASHQUAN et je suis de FINNEGAN... Oui, toutes nos vies auront été "urgences et résurgences", immédiates et médiatrices à la fois.

Ne croyez surtout pas que je m'éloigne de la chanson; au contraire, j'y arrive.

Etait-ce un rendez-vous fatal
De naître en ce pays natal
Où tout n'était qu'arbres ou clochers
Vains mots et vaines libertés...

La chanson ne m'a jamais intéressé que si elle me ramenait au point de départ: Get set... ready... go...! Mais oui, je suis bilingue; j'allais écrire "comme tout le monde", mais je dois préciser que je le suis davantage, presque par atavisme, et cela aussi fait partie de ma chanson. N'allons toutefois pas trop vite et revenons à ce village de Saint-Germain, annoncé le long de la route 20, sortie 105 de la trans-canadienne, par des panneaux routiers énormes du genre de ceux qui annoncent une capitale ou une métropole. Malheureusement, les deux magnifiques clochers de l'église du village de mon enfance ne s'élancent plus dans le ciel, car, hélas! l'église a brûlé (mais je préfère l'expression: passé au feu) en 1951. Elle a été reconstruite, sans le génie ni la générosité des ancêtres, avec un seul clocher bas et sans flèche.

Dans ce village de mon enfance ont disparu également, mais démolis ceux-là délibérément par des hommes sans imagination, nouvelle race d'hommes qu'on appelle technocrates (cela rime avec automate et on leur lancerait volontiers des tomates!) le magnifique couvent de briques rouges et la si belle petite école en bois comme on n'en fera plus jamais, et qui étaient de véritables monuments historiques; seuls sont demeurés les grands arbres dans la plaine, la rue principale, ici et là quelques maisons que je peux reconnaître, et mes amours... méconnaissables.

Petits enfants, prenez garde aux flots bleus
Qui font semblant de se plaire à vos jeux.

C'était *La Bonne Chanson* de l'Abbé Gadbois dont nous achetions les Cahiers et que nous chantions en choeur à l'école, en famille... (ça se chante en famille, le soir à la maison) autour d'un piano dont quelqu'un jouait approximativement, mais avec la ferveur digne d'un Rubinstein. Je me souviens surtout de ma tante Fédora qui jouait *Le ver luisant* avec une virtuosité qui m'étonnait.

Ce n'était pas le piano-bar, mais le piano-famille, le piano-parenté, le piano-Québec-en-train-de-sortir-de-son-silence et aussi de son ignorance séculaires. C'est à cette seule chanson-là que je crois, c'est celle-là que j'aime et c'est la seule qui demeure.

Vienne la nuit sonne l'heure
Les jours s'en vont je demeure... (Apollinaire)

J'avais neuf ans quand un oncle fortuné nous fit cadeau d'un appareil radiophonique d'occasion; quelle occasion! Je me plais à croire que tous les téléviseurs couleurs du monde ne peuvent en aucune manière provoquer un émerveillement comparable à celui que me procura cette radio que nous eûmes quelque temps avant les Fêtes. Imaginez! J'ai alors entendu à la radio, en personne, le Père Noël! Oui, oui, le vrai, le seul, l'UNIQUE, et j'ai même eu l'immense bonheur d'entendre un jour, dans la liste des enfants sages dont il énumérait les prénoms, le mien: GEORGES!

Quand on croyait au Père Noël
Et puis qu'on l'avait jamais vu
A c't'heure que les enfants y croient plus
Les Père Noël, ça court les rues...

Mais la radio, c'était surtout la musique, toute la musique et toutes les musiques; c'était aussi la chanson, tant de chansons. La radio, c'était PAROLES ET MUSIQUE! Et toute l'enfance dans ce village ne fut que poésie! Nous voilà déjà donc aux prises avec le dilemme chanson-poésie-musique.

Quand j'eus dix ans, ma famille déménagea et choisit d'élire domicile dans la ville voisine, Drummondville, où mon père travaillait en usine. Le passage d'un village à la ville, fût-elle une petite ville de province sans même de feux de circulation aux coins des rues, constituait pour l'enfant que j'étais un grand saut dans l'inconnu. (Du reste, quand on installa les premiers feux de circulation, c'était en décembre, je croyais qu'il s'agissait de décorations de Noël...). Pour la première fois, je voyais des maisons à deux ou trois étages, alignées le long de rues nombreuses et déjà "sales et transversales". Drummondville, l'adolescence parmi des noms de rues dont on ne fait pas des chansons: Lindsay, Hériot, Brock, Cockburn... Drummondville! Allez donc mettre ça dans une chanson!

Ah! si j'avais vécu mon adolescence et ma jeunesse quelque part dans la Beauce, ou sur la Côte Nord, ou en Abitibi ou quelque part en Gaspésie, ou encore en Mauricie ou bien le long du fleuve ou encore au Saguenay-Lac-St-Jean... Mais non, c'est à Saint-Germain, dans la plaine, et à Drummondville que l'enfance et la jeu-

Qu'ils viennent les sales boches! Les cadets du Juvénat Mont Saint-Bernard les ▷ attendent au garde-à-vous!

Cadets - M.S.B. 19 avril 1945.

nesse se passèrent et passèrent si vite, comme toutes les enfances et toutes les jeunesses.

Quand on vient pas de la Gaspésie
Ni de la Côte Nord
Quand on vient pas de l'Abitibi
Ni de la Mauricie
On vient de nulle part
Moi mes amis quand y me demandent
D'où c'est que tu d'viens?
J'leu dis: J'viens de St-Germain!

Combien de fois ai-je dû expliquer et combien de fois dois-je préciser encore où se trouve Saint-Germain! Cela a commencé au collège, chez les Oblats, à Chambly-Bassin. Les adolescents que nous étions, à l'aube du cours classique et d'une vocation religieuse, arrivaient des quatre coins du Québec et s'informaient mutuellement de leur lieu d'origine. Quand je leur répondais que je venais de Saint-Germain, on me regardait comme si je venais de nommer une planète inconnue ou quelque étoile lointaine. J'enviais alors ceux qui pouvaient répondre clairement: je viens de l'Abitibi, ou du Lac St-Jean, ou de la Gaspésie, ou de Québec ou bien de Montréal. Mais moi, d'où diable pouvais-je bien venir? C'est de là qu'est née l'une de mes premières chansons, *Saint-Germain*. N'est-ce pas que les chansons viennent parfois de loin... et même de nulle part! Mais puisqu'il est question des Oblats et de Chambly, laissez-moi vous faire l'aveu que j'y fus un mauvais élève durant les deux années que durèrent mes études classiques: Eléments — Syntaxe — Exit! Mais permettez-moi de vous dire aussi le souvenir ému que je garde de ces deux seules années d'études secondaires et de cette vie de collégien que j'adorais; vous dire aussi (et le leur dire) la reconnaissance que je dois à ces merveilleux éducateurs qu'étaient les Oblats. Cela aussi fait partie de ma chanson.

Chambly-Bassin Chambly-Canton
Finies mes boîtes de carton
Mes découvertes...

Je suis de ceux qui déplorent le fait que l'on ait sabré de façon expéditive dans un système d'enseignement qu'il fallait changer, certes, et de toute évidence, mais sans tenir rigueur aux enseignants eux-mêmes qui étaient, pour la plupart, des hommes remarquables.

Je rends ici hommage au père Cyrille Janelle, o.m.i., qui a été titulaire de la classe d'Eléments latins à Chambly, de 1930 à 1967, et dont le nom n'apparaîtra dans aucun "grand" livre ni sur aucun monument, et je tiens à affirmer qu'à mon humble avis il mériterait bien davantage que Maurice Duplessis qu'on lui élevât un monument! J'ai toujours été amusé par les propos anticléricaux de mes amis, dans les années cinquante, propos qui fort heureusement se sont presque tous perdus dans leur propre vanité et leur propre mesquinerie...

Enfin, mes études classiques interrompues, je rentre à Drummondville où commencent cinq année de travail à la compagnie *Canadian Celanese:* journalier, ouvrier d'usine, les *shifts:* 7 à 3 — 3 à 11 — 11 à 7, la jeunesse, la ferveur, les rêves les plus fous, les plus grandes amours, la découverte minutieuse des moindres recoins de la vie. Alors commence un autre couplet de ma chanson: la vie n'est pas un rêve, comme je l'avais cru jusqu'alors, mais réalité. La jeunesse pourtant n'accepte pas facilement qu'il en soit ainsi, et c'est tant mieux; s'engage alors le long combat entre le rêve et la réalité dont j'ignorais en ce temps-là qu'il était celui de toute vie humaine.

Je "travaillais" donc à la *shop,* le mot usine ne faisant pas encore partie du vocabulaire québécois et encore moins du langage drummondvillois. J'aimais l'atmosphère de l'usine, le vacarme des métiers à tisser dans la *weaving* (il fallait se crier à l'oreille pour s'entendre), la chaleur, la sueur, le geste machinal "d'enfileur de

PRIVILEGES SPIRITUELS

I - Messes dites à l'intention de tous les membres.

II - Chaque membre récite un "Souvenez-vous" pour ses co-membres.

"Virgo Temperantium"

LA SAUVEGARDE

(Protégeons notre vocation)

Dans le but de protéger ma vocation de futur-prêtre, je promets de m'abstenir de tout fumage et de toute boisson alcoolique durant les vacances de 19 46.

Signé Georges Dore

Je veux que vous sachiez que je suis d'un autre âge, du moyen âge québécois.

navettes", le va-et-vient incessant de milliers d'ouvriers, l'aspect presque surréaliste des hommes que nous étions parmi cette machinerie: dure réalité qui rejoignait le plus pur poétique, à moins que ce ne furent les ressources inépuisables de la jeunesse qui transformaient ainsi le réel prosaïque en merveilleux imaginaire. Peut-être est-ce à cause de ces années passées à l'usine qu'il ne m'est jamais venu à l'idée de douter de la transcendance de l'homme sur la machine, de garder en l'homme et en sa vocation d'éternité une foi inébranlable.

C'était après la guerre, la grande deuxième; le Québec sortait alors de son long moyen âge. J'avais dix-sept ou dix-huit ans, et j'allais danser le boogie-woogie à la *Flèche d'Or* de mon ami Raymond d'Arcy.

La *Flèche d'Or,* que nous avions bien vite rebaptisée "la fesse d'or", était une salle de danse située à l'extrémité de la ville, en fait en dehors des limites de la ville, où la danse était interdite. C'était un lieu qui s'était vite attiré les foudres des ligues du Sacré-Coeur et des Dames de Sainte-Anne; nous nous y retrouvions les samedis soirs, une centaine de jeunes venus nous étourdir au son des grands orchestres américains, les *Big Bands* de l'époque, que le juke-box ou orthophonique ne se lassait pas de nous faire réentendre. C'était, en somme, l'équivalent des discothèques et des cafés à la mode de nos jours; il n'est pas aussi vrai qu'on le dit que les temps changent... En même temps que s'imposait à moi comme aux autres la culture populaire américaine, se faufilait de temps à autre, à la radio, une chansonnette française: Charles Trenet, Georges Ulmer, les soeurs Etienne, l'orchestre de Jacques Hélian, Yves Montand et les si belles chansons de Kosma-Prévert... C'était déjà, ou presque, de la poésie!

Nouveau combat donc, non plus entre le rêve et la réalité, mais entre cette civilisation américaine d'une part, toute proche, envahissante, et qui m'était d'autant plus accessible que je suis bilingue presque par atavisme, et d'autre part, l'autre culture, française. Culture française, oui, mais pas celle de la langue maternelle; non, l'autre, lointaine, européenne, quasi exotique et parée des mille feux de son prestige antique. La France! Qu'en était-il de ce pays lointain, de cette outre-mère patrie dont certains échos nous parvenaient parmi le vacarme nord-américain: chansons, musique, poésie, théâtre classique, cinéma. La France, c'était *Le Cid* de Corneille, dont j'avais lu "les stances", c'étaient quelques alexandrins mêlés aux *Paroles* de Prévert; c'était aussi Apollinaire:

Sous le pont Mirabeau coule la Seine
Et nos amours
Faut-il qu'il m'en souvienne...
Vienne la nuit sonne l'heure
Les jours s'en vont, je demeure.

La France, c'était aussi certains films français que le *Théâtre Capitol* mettait à l'affiche à Drummondville, ceux de l'après-guerre. C'était le profil inoubliable de Michèle Morgan, sa grande beauté racée comparée à celle, factice, des vedettes américaines. La France, c'était "autre chose", autre chose que tout ce qui m'apparaissait vulgaire dans ce monde de "patates frites sel et vinaigre", de "coke" et de "hot-dogs" dans lequel je vivais pourtant heureux.

Cet "autre chose", ces autres choses, confuses, appréhendées plutôt que connues, elles allaient m'être révélées par celui qui est resté depuis mon plus grand et mon meilleur ami, Gilles Leclerc. J'avais dix-huit ans quand je le rencontrai pour la première fois; il était drummondvillois comme moi, fils d'ouvrier et petit-fils de paysan, comme moi, mais il avait sur moi l'immense avantage d'avoir fait de brillantes études classiques et d'avoir aussi un véritable esprit encyclopédique. De quelques années mon aîné, il était aussi mon contraire, l'envers de la médaille, l'autre versant de la montagne que nous tentions de gravir tous les deux et au sommet de laquelle nous nous rencontrâmes. Je dois préciser ici qu'il n'y a aucune vanité à parler de sommet et de montagne, et sans doute est-ce dans les branches d'un arbre où nous étions restés accrochés depuis l'enfance que nous nous sommes reconnus. Je me plais à croire que cette plaine autour de nous, cette campagne québécoise, c'était l'autre culture, la troisième, la nôtre, ni française ni américaine, celle que nous chercherions désespérément à retracer, à inventer, à définir, à exprimer et surtout à assumer de toutes manières.

Croyez-vous que je m'éloigne de la chanson? Au contraire, je m'en approche, et ne croyez-vous pas que la chanson nous aura aidés à retracer, définir et assumer cette culture dont nous nous plaisons à dire qu'elle est la nôtre? C'est du reste à ce seul niveau et dans cette seule perspective qu'elle aura monopolisé mes énergies durant quelques années et qu'elle retient encore mon attention.

Ainsi, après la chanson folklorique de l'enfance, après *La Bonne Chanson* de l'adolescence (merci à cet abbé Gadbois et à la religieuse de la Présentation de Marie qui enluminait les pages de ces Cahiers de dessins édifiants et naïfs) nous voilà coincés entre *Blue moon,* l'orchestre de Glen Miller et la Parade de la chansonnette française... Du haut de mon bel arbre dans la plaine, je scrute l'horizon: âme ma soeur âme, ne vois-tu rien venir?

Un soir d'automne, j'entends à la radio une voix nouvelle qui était aussi une nouvelle voie; c'était celle de Félix Leclerc, une voix rude et rugueuse comme l'écorce de cet arbre où nous étions juchés, mon ami Gilles Leclerc et moi et tous les autres moi québécois et leurs amis. (Je découvre en écrivant ces lignes que deux LECLERC sont à l'origine de ma liberté.) La voix de Félix était vaste et large comme la plaine, et comme le fleuve aussi quand on le suit patiemment jusqu'à la mer; une voix qui ressemblait à celle des ancêtres... et c'était comme si la voix des ancêtres eût chanté à travers la sienne: "Ne nous oubliez pas, mais continuez le voyage sans vous attarder en chemin; nous sommes d'hier et vous êtes de demain!"

Nous avions à la maison un vieux tourne-disque et mon père, à la veille de mourir usé par le travail en usine, me suggéra d'acheter un disque de ce Félix Leclerc. A cette époque, acheter un disque

Le Directeur de LA BONNE CHANSON

vous invite à chanter

(Sur l'air de "La Soupe aux pois", d'Albert Larrieu)

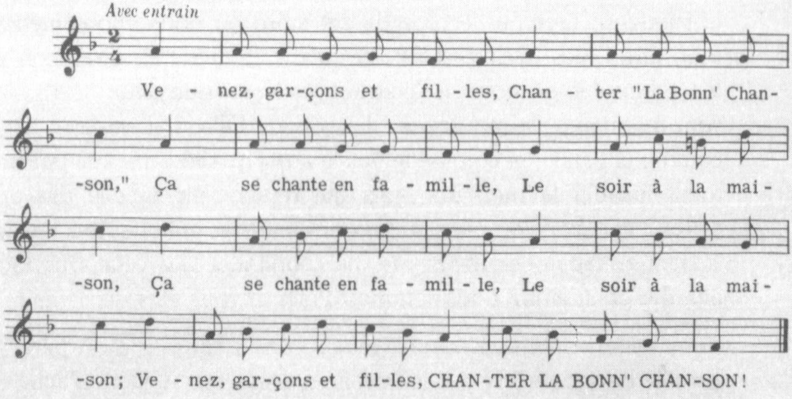

Chs-Émile Gadbois, ptre

était un luxe qu'on ne se payait pas souvent, mais mon père voulait entendre *Notre sentier.* Notre sentier! n'est-ce pas que c'était une voie à suivre et que nous avons dans la famille de la suite dans les idées? Mon père s'était donc reconnu dans cette voix nouvelle comme il avait retracé ce sentier que chantait Félix Leclerc. Ainsi donc les pères et les fils se retrouvaient sur la même voie! En était-ce une d'évitement? Peut-être, et peut-être est-ce sur cette voie que nous allions attendre quelques décades encore le train qui passerait un certain quinze novembre...

J'ai su plus tard que *Notre sentier,* cette si belle chanson de Félix Leclerc, rappelait à mon père ses amours avec ma mère, quand il courait à travers champs du huitième rang de Saint-Germain jusqu'au chemin d'Yamaska, le rang voisin, où habitait ma mère, jeune fille...

Est-il vrai que mon père fut enfant
Et ma mère fillette?

Une certaine pudeur, à moins qu'il ne s'agisse du respect dû aux père et mère, morts ou vivants, retient mon imagination vagabonde et m'arrête au bord du lyrisme que suggère facilement la filiation. Qu'il me soit simplement permis de remercier ici Félix Leclerc, au nom du père et du fils, d'avoir écrit *Notre sentier* et d'avoir procuré à mon père des joies qu'il n'aurait su attendre ni de Mozart ni de Beethoven ni de Baudelaire ni de Rimbaud; petit-fils d'Irlandais mais fils de la terre québécoise, ces joies devaient lui venir d'un fils de la même terre.

Si mon père a reconnu cette voix à la fin de sa vie, si elle a été pour lui une sorte de baume sur ses dernières années douloureuses, je l'ai reconnue, moi, cette voix, dans ma première jeunesse; elle n'était pour moi que commencement, ouverture, prélude, et je n'en restais pas moins empêtré, coincé entre mon américanité et ma québécitude...

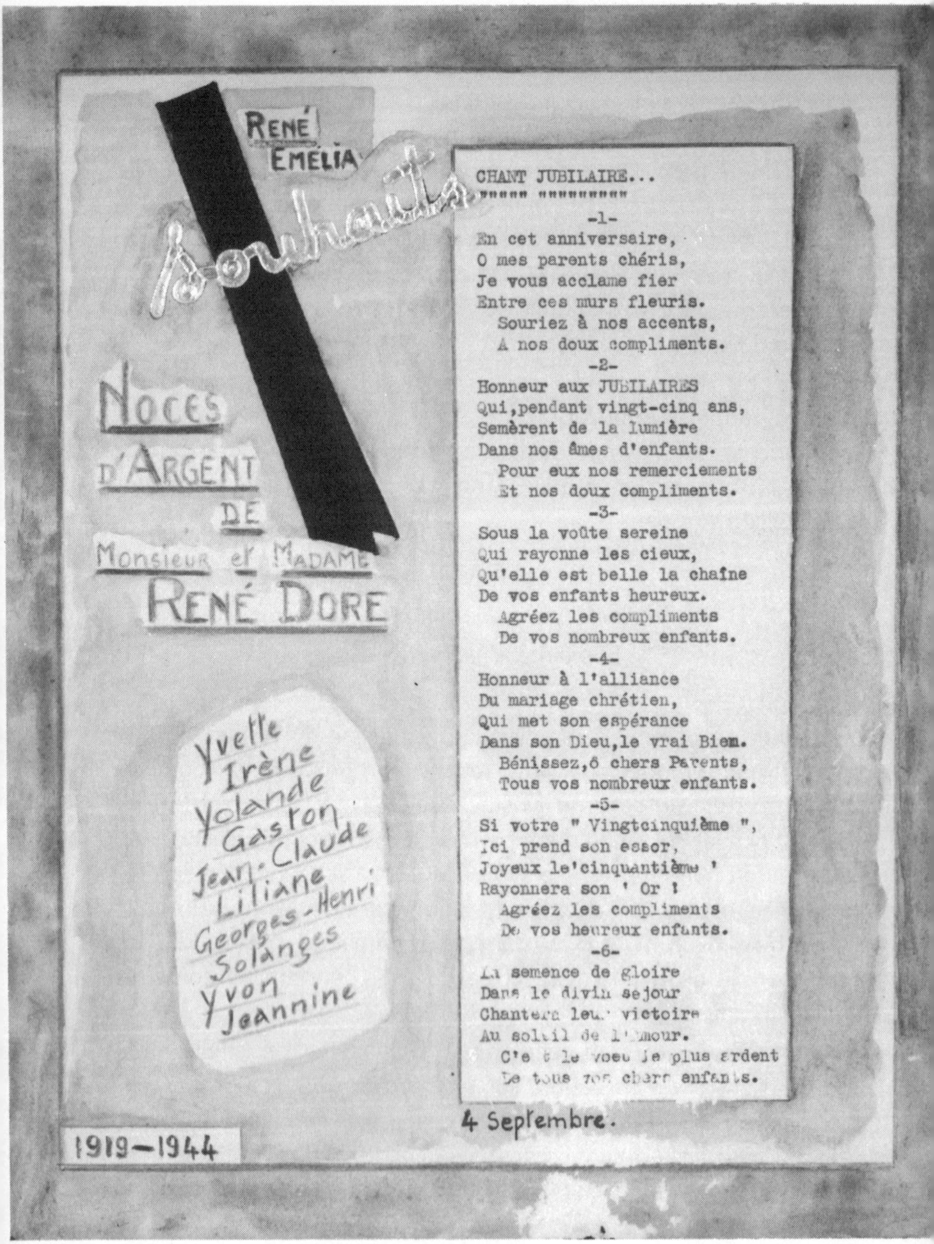

RENÉ
ÉMÉLIA

Souhaits

NOCES D'ARGENT DE Monsieur et Madame RENÉ DORE

Yvette
Irène
Yolande
Gaston
Jean-Claude
Liliane
Georges-Henri
Solanges
Yvon
Jeannine

1919—1944

CHANT JUBILAIRE...
""""" """""""""

-1-

En cet anniversaire,
O mes parents chéris,
Je vous acclame fier
Entre ces murs fleuris.
Souriez à nos accents,
A nos doux compliments.

-2-

Honneur aux JUBILAIRES
Qui,pendant vingt-cinq ans,
Semèrent de la lumière
Dans nos âmes d'enfants.
Pour eux nos remerciements
Et nos doux compliments.

-3-

Sous la voûte sereine
Qui rayonne les cieux,
Qu'elle est belle la chaîne
De vos enfants heureux.
Agréez les compliments
De vos nombreux enfants.

-4-

Honneur à l'alliance
Du mariage chrétien,
Qui met son espérance
Dans son Dieu,le vrai Biem.
Bénissez,ô chers Parents,
Tous vos nombreux enfants.

-5-

Si votre " Vingtcinquième ",
Ici prend son essor,
Joyeux le'cinquantième '
Rayonnera son ' Or !
Agréez les compliments
De vos heureux enfants.

-6-

La semence de gloire
Dans le divin sejour
Chantera leur victoire
Au soleil de l'Amour.
C'est le voeu le plus ardent
De tous vos chers enfants.

4 Septembre.

J'suis Québéquoi
J'sais pas pourquoi
Peut-être pour rien
Peut-être pour rire
En attendant qu'on soit plus rien
En attendant qu'on puisse en rire...

Les années cinquante commençaient. J'avais dix-neuf ans. Adolescent attardé dans ma petite ville de province, je n'en devinais pas moins que des changements profonds allaient s'opérer, en moi et autour de moi, et je commençai à rêver du jour où je pourrais quitter ce coin de terre natal, cette plaine que j'aimais pourtant mais où rien d'autre ne passait que le temps et les grands vents. Quand soudain...

I was walking alone
Minding my business
When love came and hit me in the eye...

Nat King Cole susurrait ses balades sentimentales dans tous les "juke-box" d'Amérique, y compris ceux de Drummondville, et l'amour, "le" amour, le grand amour avec un grand A, le premier, le seul et l'unique premier amour m'arriva, comme il est dit dans l'extrait de la chanson américaine plus haut cité.

Merveilleuse et douloureuse révélation dont il nous semble impudique et stupide à nous, Québécois, de parler autrement qu'en termes voilés ou supposément hautement poétiques, cependant que chez les peuples normaux: anglais, français, américain, allemand ou autres, on en parle sur le ton le plus simple et avec les mots les plus ordinaires: je t'aime, tu m'aimes, on s'aimera, et ainsi de suite jusqu'à ce que ça recommence. Peut-être est-ce parce que, chez ces

◁ Le frère de la Charité, au Juvénat de Sorel que je fréquentais cette année-là, avait écrit ce chef-d'oeuvre (!) que je devais chanter lors des noces d'argent de mes parents. Encore la chanson...

peuples normaux, la chanson a la vocation qui lui revient, qui n'est pas celle de vouloir remplacer la poésie, la littérature ou la musique, mais simplement d'être elle-même: quotidienne, accompagnatrice du quotidien, révélatrice aussi de ce quotidien, avec, de temps à autre, l'heureux hasard qui fait de l'une d'entre elles le témoin d'une époque.

Longtemps, longtemps après
Que les poètes ont disparu
Leurs chansons courent encore
Dans les rues...

Ainsi chantait simplement Charles Trenet, qui ne se prenait ni pour Rimbaud ni pour Verlaine ni pour Apollinaire, mais qui a plutôt eu la merveilleuse idée de se prendre pour Charles Trenet et de saluer au passage les hirondelles plutôt que de tendre cérémonieusement la main à la gloire réservée à Victor Hugo!

C'est donc dans les rues que courent les chansons, c'est du moins là qu'elles couraient à l'époque de Charles Trenet. Mais qu'en était-il alors ici, au Québec où, si je puis me permettre cette boutade, "les rues ne couraient pas les rues"? Sortie tout droit de la forêt québécoise, la chanson d'ici s'est vite imposée comme la parole première et souveraine. On ne se tromperait guère en affirmant que nous avons appris à parler en chantant, que nous avons connu les vertus de la parole à travers la chanson (quoique certains l'eussent découverte dans les sermons emportés du père Lelièvre ou dans les discours d'Antoine Rivard) d'où l'importance immense accordée à ceux que l'on appela les poètes-chansonniers, dont j'ai été et dont je suis encore. Mais ne sautons pas trop de couplets et revenons à celui de la rue Lindsay, à Drummondville, en 1950.

Circus
Life is a circus of antic dreams...

Tony Martin, chanteur américain alors à la mode, roucoulait cette chanson quand j'avais dix-neuf ans, tandis que l'orchestre de

Jacques Hélian accompagnait un chanteur soliste qui entonnait: *Il suffit qu'un peu je frôle soudain votre épaule pour vous adorer...*

Au fait, on s'étonnera peut-être que le séparatiste avoué que je suis (quoique je préfère me qualifier de "séparatriste") cite tant d'extraits de chansons américaines; je ne vois là quant à moi aucune contradiction; cela ne fait, au contraire, que me confirmer dans ma condition de Québécois bien ordinaire en même temps que cela tendrait à prouver que ce n'est ni de l'Amérique ni de mon américanité dont je veux me séparer. De toute façon, à vingt ans, à Drummondville, arrière-petit-fils d'Irlandais, ouvrier d'usine, comment pouvait-on faire autrement que de s'abreuver aux sources immédiates de la culture populaire des "juke-box" de restaurants...? Ah! le restaurant TAFT! Oui, oui, vous lisez bien: TAFT! rue LINDSAY! Que de souvenirs, mais comment diable mettre ça dans une chanson? "Viens-tu au Taft? On va au Taft! Allons au Taft! O.K. On va au Taft!" C'était le restaurant à la mode; on y mangeait des "hot-chicken sandwich" dont vous auriez peine à croire la succulence et la surabondance, on y buvait des "Coke" d'une saveur quasi comparable aux plus grands crus des meilleurs vignobles de France! C'était cela notre culture québécoise d'alors dans les petites villes de province de nos vingt ans, cela et rien d'autre.

Pourtant, sous la cendre couvait un feu dont nous ignorions nous-mêmes qu'il fut inextinguible, que tous les "Coke" du monde ne sauraient éteindre tout à fait. Le "Coke" n'étanche pas la soif d'être soi-même, pas plus d'ailleurs que le Bordeaux ou le Bourgogne le plus fin, et, secrètement devait monter en nous l'envie d'un grand verre d'eau d'érable... Alors seulement se ferait la réconciliation entre les ancêtres et leurs fils; mais n'allons pas trop vite et passons au couplet suivant.

Après être devenu l'ami de mon toujours grand ami Gilles Leclerc, je rencontre à Drummondville un Français, un vrai Français de

France: mon premier Français: Albert Glass. Technicien en textile, il travaille à l'usine de la *Canadian Celanese* et fonde une troupe de théâtre amateur. Nous jouerons, bien sûr, *La Goutte de miel* de Chancerel. Marthe Mercure est de l'aventure, mais bientôt elle nous quitte pour Montréal où elle étudiera chez Lucie de Vienne-Blanc. Tout pour moi se précise et tout devient possible: LE THÉÂTRE! LA LIBERTÉ! S'EXPRIMER! VIVRE! Je me rends alors une fois la semaine à Montréal chez Madame Blanc, j'y rencontre des garçons et des filles d'une allure fort différente de la mienne qui partagent pourtant les mêmes désirs que moi.

C'étaient des jeunes gens dont on dirait aujourd'hui qu'ils sont "libérés"; tout m'émerveille et m'émeut: MONTRÉAL, est-ce possible? De l'usine, où je suis prisonnier, je m'échappe une fois la semaine pour découvrir qu'il existe des êtres qui ont les mêmes goûts que moi et qui nourrissent les mêmes rêves: VIVRE! J'aurai bientôt vingt et un ans et je fais le projet de venir m'installer dans la métropole avec mon ami Leclerc; il s'inscrira en Lettres à l'université de Montréal et j'étudierai à l'atelier du Théâtre du Nouveau Monde. Ne croyez pas encore que je m'éloigne de la chanson, ou disons que si je m'en éloigne, ce n'est que pour faire un tout petit détour d'une quinzaine d'années. Permettez-moi d'ailleurs de faire ici une courte digression pour vous dire toute l'admiration et toute la reconnaissance que je garde à cette femme qui s'appelait Lucie de Vienne-Blanc. Avenue Lacombe, où elle habitait à l'ombre de la tour de l'université de Montréal, j'arrivais chez elle avec dans l'âme une sorte de piété mêlée à une crainte extrême: j'étais "un habitant", cela se voyait assez et, fort heureusement, cela se voit encore. Mais j'ignorais alors que cela était bien et j'enviais l'allure désinvolte des étudiants de l'atelier du T.N.M., presque tous montréalais.

Lucie de Vienne savait, elle, que cela était bien et elle me l'apprit; c'est-à-dire qu'elle m'apprit l'essentiel: être soi, ce que j'ai mis malheureusement trop de temps à comprendre. Elle était européenne...! Et moi j'étais inculte, tout en friches, fébrile et ne rêvant que de poésie! POÉSIE! Magie du verbe, de l'image, de la parole écrite, inscrite, ardente, transcendante, chantante, éternel et sempiternel refrain à ma chanson, ô poésie!

Automne 1952. Mon ami Leclerc et moi arrivons à Montréal, et nous nous installons dans un minuscule garni de l'avenue Maplewood, devenue depuis le boulevard Edouard-Montpetit, juste en face de la tour de l'université de Montréal. Le seul fait de me voir ainsi entouré de tant d'universitaires me semblait être un privilège inespéré, et diable! à force de les voir tous les jours monter et descendre les marches menant à "l'Ecole du Haut-Savoir", il me semblait que j'étais en droit de m'attendre à l'octroi de quelque diplôme! Mais je n'avais jamais rien fait d'autre que "d'enfiler des navettes" à la *Canadian Celanese,* et il n'y a pas de diplômes en poésie. Aussi, quel emploi trouver pour gagner mon pain, payer mes cours à l'atelier du T.N.M.?

Ayant été, l'été précédent, annonceur de radio en Abitibi, je me trouvai une occupation semblable au défunt poste CHLP, mais d'où l'on me congédia bien vite. Pendant quelque six semaines, je fus la doublure de Gratien Gélinas durant le tournage du film *Ti-Coq* où je fis également de la figuration. C'était, à défaut de la fortune, l'euphorie complète. Imaginez, je côtoyais de grands comédiens tels que Fred Barry, Juliette Béliveau et la toute jeune Monique Miller, dont j'avais épinglé la photo au mur de ma chambre. Mon rôle de "doublure" me valait le privilège de causer avec toutes ces gens, de danser, pour les besoins des répétitions, au bras de Monique Miller; il me valait aussi de fumer gratuitement les cigarettes Player's dont Gratien Gélinas laissait traîner partout des cartons entiers. Si vous avez deux minutes à m'accorder, laissez-moi vous raconter comment j'obtins cette chance de servir de doublure à Gratien Gélinas. Je crois bien que la scène que je vais vous décrire aurait été l'une des plus cocasses du film, si une caméra cachée avait pu en capter et le son et l'image.

Depuis quelques semaines déjà, je me présentais tous les jours ou presque au bureau de ce que l'on appelait alors "l'assurance-chômage", au 10 de la rue Notre-Dame. J'avais précisé, sur la fiche que j'y avais remplie, que j'étais étudiant en théâtre à l'atelier du T.N.M. On consultait cette fiche chaque fois que je m'y présentais en quête d'un emploi. Un jour que je m'y amène comme à l'accoutumée, sans grand espoir sinon en désespoir de cause, après consultation de ma fiche, l'employé me regarde d'un air aussi réjoui que si j'avais été un ange tombé du ciel. Sur un ton cérémonieux, il me demande si j'aimerais faire du cinéma. Quelle question! Faire du cinéma...! Prenant alors le ton de la confidence, il m'invite à le suivre à un étage supérieur. J'ai alors l'impression que quelque chose de sérieux se prépare et que, pour ainsi dire, le film est déjà commencé. Mon esprit est vite envahi par ces histoires de jeunes acteurs devenus vedettes du jour au lendemain. Un véritable suspense. Le fonctionnaire me conduit jusqu'au bureau d'un patron auquel il me présente en proclamant: "Voici, je crois, votre homme!" On me regarde attentivement des pieds à la tête, on m'observe sous tous les angles avant que le supérieur ne conclue: "Non, je crois qu'il est trop grand".

C'est bien la seule fois de toute ma vie où j'aurai été trop grand, moi qui ne fais même pas cinq pieds huit pouces. La discussion toutefois se poursuit entre les personnes présentes; leurs "peut-être" et leurs "sait-on jamais" sont d'autant plus mystérieux pour moi qu'on ne m'a pas encore révélé la nature du rôle cinématographique que je crois être, bien sûr, celui d'un jeune premier romantique. Enfin, le chef me demande de sortir du bureau et d'y rentrer en tenant mon imperméable sur le bras. Ayant déjà compris que j'ai quelques pouces en trop, je m'éxécute en gardant les épaules basses et les genoux légèrement ployés. On me fait répéter le manège trois ou quatre fois pendant que se continuent les consultations avec un autre chef de secteur que l'on a fait venir d'un bureau voisin; on en arrive enfin à la conclusion que l'on ne peut rien me promettre et qu'il faudra me présenter aux studios le lendemain où l'on décidera si je fais l'affaire. L'affaire... mais de quelle affaire s'agissait-il? Prenant mon courage à deux mains, je m'en informe, pour apprendre qu'il s'agit d'être le "stand-in", la doublure de M. Gratien Gélinas qui tourne alors le film *Ti-Coq*... Je racontai l'anecdote à Monsieur Gélinas quand je fis la Comédie Canadienne une première fois en 1968, et il en rit beaucoup...

Après ces semaines cinématographiques, je fus tour à tour portier à l'hôpital Hôtel-Dieu, ensuite coupeur de prélarts chez Dupuis Frères et bien d'autres choses encore. Pendant tout ce temps, j'assistais aux cours de l'atelier du T.N.M. où Jean Gascon, qui en était le grand patron, tenta vainement de me faire jouer "la" scène des Fourberies de Scapin que je préparai durant des mois. Quel amour du théâtre avaient ces jeunes hommes d'alors qui fondèrent le T.N.M. et l'atelier: Jean Gascon, Jean Dalmain, Jean-Louis Roux, Lucie de Vienne, Guy Hoffmann et les autres! Quant à moi, plus les mois passaient et plus je comprenais que la vocation de comédien n'était pas la mienne, qu'elle ne s'était imposée à moi que comme prétexte à la liberté; à toutes fins utiles, je la tenais enfin cette liberté et elle n'allait plus m'échapper.

Durant cette année passée à Montréal, je connus les poètes et les peintres qui fréquentaient *La Petite Europe* et autres endroits du même genre où nous nous retrouvions, sans le sou, mais heureux comme toutes les bohèmes de tous les temps. C'est alors que je connus Gaston Miron et la toute jeune Michèle Lalonde et Yves Préfontaine et le peintre Molinari et tant d'autres... mais point encore de chanson dans tout cela, puisqu'elle n'existait alors que dans la personne méconnue de Félix Leclerc, qui allait pourtant bientôt conquérir ses titres de gloire à Paris et à travers l'Europe. De guerre lasse, enfin convaincu que le métier de comédien ne serait pas le mien, je quittai Montréal pour me retrouver en Abitibi, à nouveau comme annonceur de radio, cette fois à Amos, où je passai près d'un an. Amos, mini-ville mais ville épiscopale et belle ville, traversée par la rivière Harricana. J'ai alors vingt-deux ans et les nuits claires de l'Abitibi, les aurores boréales multicolores et sonores me comblent d'un ravissement inexprimable. Je suis "dans le Nord" et, pas très loin, c'est "le Nord du Nord" de Vigneault, mais je l'ignore et qu'importent les points cardinaux quand toute la vie est en plein coeur de nous-même, en ce petit endroit inviolable.

Pourtant, je regrette Montréal, la rencontre quotidienne des peintres, des poètes, des comédiens, de tout ce monde merveilleusement fou qui me fascinait et m'effrayait à la fois; et puis surtout, je songe à Paris, j'en rêve de ce Paris que j'imagine comme un immense décor pour mon théâtre intime. A la radio d'Amos, je fais tourner des disques de Léo Ferré, mais aussi ceux de Jen Roger, qui s'appellera plus tard Jean Roger, comme tout le monde. Pour aller à Paris, il fallait avoir des sous, et ce n'était sûrement pas cette fonction d'annonceur de radio qui me les procurerait; aussi, lorsqu'on m'offrit d'aller travailler au barrage de la Bersimis, j'acceptai avec d'autant plus d'empressement qu'on me promettait d'y faire fortune. J'allais occuper un emploi de commis de bureau au magasin général — snack-bar de Labrieville, mais j'allais surtout y être une sorte d'homme-à-tout-faire. Je quittai Amos entre la Noël et le Jour de l'An. De l'Abitibi à la Côte Nord, en autobus, quel voyage! Le Saguenay, Forestville où je passai la nuit dans un hôtel du genre *Far-West* ou Dawson City; le lendemain, un autobus de l'Hydro-Québec nous transporta à Bersimis où travaillaient alors des milliers d'hommes.

Autant la veille le ciel était bas, gris et neigeux, autant ce jour-là il était clair comme le sont les ciels d'hiver par temps froid et sec. Alors, ce fut la découverte non pas de l'immensité du pays (rien, mieux que la plaine, ne peut nous l'apprendre), mais celle de l'éloignement. Au creux des montagnes, les camps d'ouvriers, le chantier, immense, Labrieville, qu'on appelait toujours Bersimis, déformation, si je ne m'abuse, du mot indien Betsiamite, nom de la rivière où l'Hydro-Québec procédait à la construction d'un immense barrage hydraulique. Certes, j'avais connu le travail en usine durant près de cinq ans, j'avais connu aussi le milieu de la bohème montréalaise et la quasi désertique Abitibi, mais là, à Bersimis, c'était autre chose, autre chose qui n'avait rien de commun avec ces expériences précédentes; il y avait d'abord, tout autour de nous, ces montagnes, et il y avait surtout cette sorte d'isolement absolu qui nous coupait du monde. Je n'ai pas écrit la *Complainte de la Manic* du bout des doigts et je ne l'ai jamais chantée du bout des lèvres; c'est durant cet hiver passé à Bersimis qu'elle s'est écrite, cette chanson dont je tiens à rappeler qu'elle s'est mérité l'honneur, lors d'un concours du poste CKAC en 1972, d'être élue la chanson la plus populaire des cinquante dernières années au Québec.

Je reviendrai là-dessus, car nous sommes loin encore de ce couplet de ma chanson: nous sommes sur la basse Côte-Nord, dans les forêts de montagnes, des milliers d'ouvriers logés dans des campements de travailleurs, coupés de la vie courante... Janvier 1954... Maurice Duplessis règne encore sur le Québec et son Union nationale fait encore la pluie et le beau temps, mais elle commence aussi à faire de l'électricité!

A Bersimis, cet hiver-là, j'ai vécu des heures privilégiées de solitude et de "solidaritude", d'amitié, de rêve léger et de dure réalité. J'écrivais d'interminables lettres à des amis, surtout à mon ami le poète Claude Rousseau, dont j'avais été le compagnon de travail à Amos. Si vous voyez en librairie, sur les rayons consacrés à la poésie québécoise, un recueil de Claude Rousseau, lisez cette poésie publiée par l'indispensable Gaston Miron et ses indispensables Editions de l'Hexagone; la poésie de Claude Rousseau est l'une des plus pures et des plus denses qui s'écrive au Québec.

Janvier, février, mars, avril 1954...

Un soir d'avril, dans le local qui servait de salle de cinéma, je vois un film de Danielle Darieux; l'envie de partir, de revenir à la civilisation me prend soudainement, presque traîtreusement: l'apparition de Danielle Darieux dans cette contrée sauvage, sa grande beauté raffinée évoquent en moi des souvenirs de jeunes filles déambulant rue Sainte-Catherine, toutes parées des charmes que l'éloignement donne aux êtres et aux choses. Le lendemain matin, un soleil éclatant de printemps inonde le creux des montagnes à Bersimis: je décide de partir le jour même. Je rentre donc à Montréal où je retrouve mon ami Leclerc; j'ai alors en poche, pour la première fois de ma vie, plusieurs centaines de dollars. Nous festoyons durant quelques semaines, revoyant les uns après les autres les lieux de la bohème montréalaise, puis je prends ensuite le chemin de Trois-Rivières où j'entre à l'emploi du poste CHLN.

Trois-Rivières... la Mauricie, le fleuve, le lac Saint-Pierre, la cathédrale et ses vitraux et ses grandes orgues, toutes choses qui jusqu'alors m'étaient inconnues; et des amis nombreux, vibrant comme moi à toute musique, poésie et rêveries.

Ah! la très belle année et les très beaux noms qui sonnent doux encore à mon oreille souvenante et toujours attentive: Pierre Bourgault, Raymond Lebrun, Georges Bois, Jacques Dufresne, André et Lise Payette, et les Compagnons de Notre-Dame que dirige Gérard Robert; Sylvio Saint-Amant aussi et Jacques Morency et cette si belle rue Bonaventure que j'aimais tant; et la pension Tourigny... N'allez surtout pas croire que j'écris des *Mémoires*, non; tout au plus un aide-mémoire pour quelques souvenirs et pour me souvenir de cette chanson dont il me semble que Trois-Rivières fut l'un des couplets les plus beaux.

Entre Québec et Montréal
On se croirait dans son pays
Entre Québec et Montréal
On pourrait y vivre sa vie
Entre Québec et Montréal
Le long du fleuve à Trois-Rivières
Quand il devient le lac Saint-Pierre...

Du reste, vous serez convaincus que je ne m'éloigne pas de la chanson, si je vous rappelle que Félix Leclerc avait été à l'emploi de CHLN avant nous; peut-être y avait-il laissé un peu de son âme vagabonde et poétique, puisqu'il flottait dans l'air de ce poste radiophonique de province un esprit de liberté et de créativité que je n'ai retrouvé nulle part ailleurs. Après quelques semaines de travail comme annonceur, une mystérieuse extinction de voix obligea mes patrons à m'offrir un poste de rédacteur de nouvelles, emploi que j'acceptai avec empressement, parce que j'aimais déjà Trois-Rivières, ses vieux quartiers, ses vieilles maisons, son couvent des Ursulines dans la rue du même nom, ce fleuve toujours tout près et ces côteaux d'où l'on peut voir la ville s'étendre magnifiquement à nos pieds. J'aimais aussi, comme il se doit, les jeunes trifluviennes en général et quelques-unes en particulier que j'appelais "trèfluviennes". Je n'étais pas encore très éloigné de mes vingt ans et le rêve m'était encore familier, entre autres ce rêve que l'on fait dans la jeunesse de pouvoir aimer en même temps passionnément et généreusement.

C'est de Trois-Rivières que je vins avec des amis voir Gérard Philipe dans *Le Cid* de Corneille, au Théâtre Saint-Denis; je n'ai jamais entendu personne "chanter" aussi bien, aussi juste et aussi somptueusement que Gérard Philipe. Quelle soirée, quelle émotion et comment n'aurions-nous pas été, nous aussi *percés jusques au fond du coeur...?* Curieusement, c'est après avoir vu Gérard Philipe sur scène que me vint l'idée d'écrire des chansons, ou plutôt des poèmes qui seraient chantés. J'en chantai deux, un soir, au cours d'une émission de *Poèmes et chansons* que nous faisions, gratuitement, en dehors de nos heures de travail, sur les ondes de CHLN. Mais l'expérience n'eut pas de suite; je continuai à écrire des poèmes et à lire les poètes: Apollinaire, Eluard, Supervielle, Aragon, ceux qui ont écrit avec des mots familiers. Prévert m'enchantait, bien sûr, lui qui savait chanter les feuilles mortes comme s'il avait vu nos automnes multicolores et qui voulait tant que l'on se souvienne...

Cette année passée à Trois-Rivières aura été vraiment pour moi le point de départ de l'écriture et de l'existence telles qu'elles n'ont jamais cessé d'être depuis.

C'est à Trois-Rivières que je publiai, à compte d'auteur, mon premier recueil de poèmes: *Eternelles saisons.* 200 exemplaires miméographiés sur “les presses” des Compagnons de Notre-Dame et brochés à la main avec des amis, dont Pierre Bourgault, qui avait exécuté le dessin de la couverture. Nous nous reprochions volontiers tous les deux d'avoir fait, lui un mauvais dessin et moi de très mauvais poèmes, mais nous nous félicitions sans doute secrètement tous les deux d'avoir fait au moins “quelque chose”. Ce “faire quelque chose” aura sans doute été pour moi, depuis, une sorte de leitmotiv dont je n'ai pas à prouver s'il est bon ou mauvais; n'empêche que j'ai toujours cru qu'à défaut de pouvoir faire de “grandes choses”, on pouvait toujours faire “quelque chose”. Surtout depuis cette nuit d'hiver, à Trois-Rivières, où, dans ma petite chambre de la rue Bonaventure, je me refusai à devenir un poète maudit, où je décidai de tenter la réconciliation entre le rêve et la réalité; utopie, certes, mais vivre n'est-il pas utopique? La vraie poésie est un feu purifiant, mais aussi dévorant, et la peur me prit cette nuit-là d'être précisément dévoré, consumé. Ne voyez-vous pas que je m'approche de la chanson...?

Car la chanson, elle, n'est ni purifiante ni dévorante, à quelques exceptions près, qui ne font, comme toujours, que confirmer la règle. La chanson est plutôt envahissante, quand elle ne devient pas, et c'est trop souvent le cas, encombrante, comme cette musique insipide qui nous poursuit jusque dans les ascenceurs.

Je quittai Trois-Rivières au bout d'une année remplie d'expériences exaltantes et, après quelques semaines passées à Montréal, je pris le chemin de Sherbrooke où je devais travailler durant huit mois comme annonceur de radio au poste CHLT. J'y retrouvai mon ami Pierre Bourgault, speaker lui aussi, et je découvris les charmes de l'Estrie et de la ville qu'on appelle "La Reine des Cantons de l'Est". C'était à l'été de 1955. Autant la vie à CHLN et à Trois-Rivières avait pu être passionnante, autant elle fut morne à CHLT d'où je m'enfuis littéralement l'hiver suivant vers Québec, où j'entrai à l'emploi du poste CHRC comme nouvelliste; Félix Leclerc y avait travaillé aussi, bien avant moi, tout comme à CHLN! Autre couplet de ma chanson...

Entre temps, une jeune fille de Montréal qui s'appelait Margot, et que j'avais connue cinq ans auparavant, était devenue ma fiancée; les fiançailles avaient eu lieu la nuit de Noël 1955 chez un futur beau-frère, à Québec. Nous nous approchons toujours de la chanson...

Je t'appelle Margot
Sans raison
Sans ennui
Sans avoir l'air d'y croire
Tu réponds toujours: me voici!
Tu es toujours ici et là
Quelque part dans ma vie...

Québec, mars 1956. J'habite d'abord chez un beau-frère jusqu'au mariage qui aura lieu en juin, à Montréal, où habite Margot; nous vivrons ensuite dans un petit appartement de la rue d'Aiguillon, près du Palais Montcalm et de la très belle place qu'on a depuis défigurée. Nous découvrirons, Margot et moi, la ville de Québec en y faisant de longues promenades; nous irons quelques fois à l'île d'Orléans. J'écris toujours des poèmes et je rêve d'une petite maison d'édition qui s'appellerait "Les Editions de l'Aube".

Je publie mon deuxième recueil: *La Mémoire innocente,* préfacé par le Père Emile Legault. Les foudres de la critique officielle s'abattent alors sur moi, notamment celles, hautaines et froides, de M. Roger Duhamel, qui qualifie de "bluette" mon humble recueil; Monsieur Duhamel avait trop de "lettres" pour moi... c'est sans doute ce qui lui permit de devenir panéliste de télévision pour une émission du genre "mots-croisés"...

Un soir, dans le petit appartement de la rue d'Aiguillon, nous nous retrouvons, quelques jeunes Québécois et moi, pour discuter de cette maison d'édition de poésie à laquelle je rêve. Quelques jeunes Québécois: Raoul Roy, Jacques Keable, d'autres dont j'oublie les noms et un dénommé Gilles Vigneault. Toujours la chanson! Vigneault parlait d'abondance et il parlait bien, très bien même, presque à la française; il avait déjà le verbe riche et coloré et il portait déjà la tête haute, au propre comme au figuré, comme il apprendrait plus tard aux Québécois à la porter. C'était durant l'hiver 1957, à Québec, à la veille de ce qu'on appellerait la chanson québécoise et dont je n'aurais pu imaginer que j'en fisse jamais partie, de quelque manière que ce soit.

Margot était enceinte et bientôt nous serait donné notre premier enfant. Ah! le très beau couplet de ma chanson, l'éternelle aventure de la vie: un enfant!

Mon petit garçon tu grandis trop vite
Bientôt c'est l'école devoirs et leçons...

J'avais un fils, les générations allaient se suivre et s'enchaîner encore les unes aux autres; j'avais un fils, un enfant, seule réponse à l'éternelle question de la vie; j'étais amoureux de ma femme, de mon fils, de la vie, mais je l'étais moins de la ville de Québec. L'envie me prit de retourner à Montréal, que je n'avais jamais oubliée; nous avons donc quitté la Vieille Capitale et je devins rédacteur de nouvelles au Téléjournal de Radio-Canada. J'allais y rester dix ans! Autodidacte, me voici dans un milieu de travail où foisonnent les diplômés d'université (rappelez-vous la tour de l'université, la rue Maplewood, les étudiants, etc.). Je n'ai jamais cru outre mesure aux vertus de l'information et je n'ai jamais eu l'âme d'un journaliste, mais au Téléjournal d'alors, le milieu de travail était agréable.

J'avais retrouvé à Radio-Canada mon ami Gilles Leclerc, rédacteur de chroniques sportives (soit dit en passant, il a été le premier à révolutionner et à franciser le langage du sport à Radio-Canada et le vocabulaire de René Lecavalier s'en est trouvé enrichi d'autant). Mais surtout, je retrouvais à Montréal ce cosmopolitisme qui me plaît, en même temps que des amis, dont Gaston Miron qui avait fondé la maison d'édition de poésie dont je rêvais: L'Hexagone. Je publiai un troisième recueil de poèmes: *Portes closes,* toujours à compte d'auteur. Puis, je "fis" la grève de Radio-Canada; je fus même du groupe des 29 personnes appréhendées lors de l'échauffourée en face de l'édifice de la Société, boulevard Dorchester. Cette grève à Radio-Canada m'aura définitivement convaincu de ce que je pressentais depuis mes années de travail en usine, à la *Canadian Celanese:* les Anglo-Saxons et les "parlant anglais" vivant au Québec sont pour la plupart tout à fait étrangers à notre québécitude et je ne serais pas étonné qu'ils soient tout aussi étrangers à leur appartenance canadienne; ils sont des apatrides, un oeil tourné vers les U.S.A. et l'autre vers une ancienne mère-patrie dont ils auraient un très vague souvenir.

Toujours est-il qu'après quelques semaines de cet arrêt de travail (la grève devait durer neuf semaines) nos collègues de langue anglaise, membres de la même unité syndicale, décidèrent, malgré le vote contraire de la majorité, de rentrer au travail... L'ironie de leur geste venait surtout de l'insistance qu'ils avaient mise, dès le premier jour de la grève, à faire promettre à tous les membres de notre syndicat (la *Canadian Wire Service Guild)* de se soumettre à la loi de la majorité! Ce sont les Anglais, paraît-il, qui nous ont enseigné la "démocratie"... *yes sir!*

Enfin, je suis de retour à Montréal, ville où il se passe des choses, des choses que l'on sait, et autre chose que l'on ne sait pas: le temps! Nous sommes en 1959. Un deuxième enfant, une fille, s'ajoute à la famille; nous aménageons alors sur la Rive Sud, à Longueuil, où j'habite toujours, dans un quartier merveilleusement populaire et vivant; les enfants profiteront d'espaces verts, entre la ville et la campagne...

Les 29...

Voici les noms des 29 manifestants arrêtés hier après-midi devant l'édifice de Radio-Canada. Conduits hier après-midi au poste no 10, ils comparaissent ce matin sous diverses accusations : refus de circuler, troubler l'ordre public.

Une seule accusation de voies de fait : M. Michel Regnier, qui aurait mordu un policier.

Jean Marchand, secrétaire général de la C.T.C.C.,
René Lévesque, commentateur bien connu,
M. Louis Morisset, secrétaire de la Société des Auteurs, et Mme Morisset (Mia Riddez),
Roland Chenail,
Jean-Guy Benjamin,
Pierre Duceppe, (frère du comédien Jean Duceppe),
Michel van Schendel,
François Lavigne,
Georges Dor,
René Beaulieu,
Roland Théberge,
Jean Poirier,
Monique Bosco,
Thérèse Arbic,
Madeleine Langlois,
Monique Nadeau,
Jean Lebel
André Roche,
Raymond Couture,
André Valois,
Rémi Beaulieu,
Marcel Vleminckx,
Guy Borremans,
Louis Jeté,
Yvon Bélanger,
Bernard Cloutier,
Marc Brousseau,
Gilles Leclerc.

La Presse, 3 mars 1959.

En septembre 1959, en rentrant d'un voyage en Gaspésie avec ma femme, j'apprends la mort de Maurice Duplessis. Ça y est! Un mécanisme est déclenché qu'on appellera bientôt celui de la "révolution tranquille". La politique ne m'intéresse guère, je veux dire celle des hommes et des partis; moi, ce qui me passionne, c'est le Québec et l'humanité. Justement, une vague de fond soulève alors le Québec; mais en même temps que l'événement me réjouit, mille questions se posent et s'imposent à moi dont les plus importantes rejoignent toujours la conscience universelle: qui sommes-nous? d'où venons-nous? où allons-nous? J'ai l'air d'un bel idiot avec mes trois éternelles questions éternellement restées sans réponse, tandis qu'autour de moi on s'affaire: Lesage et son équipe "du tonnerre" prennent le pouvoir. Le pouvoir! Mon ami Leclerc m'a pourtant enseigné depuis longtemps que LE POUVOIR était, en même temps que la chose la plus dérisoire qui soit, l'ultime et première chose à "prendre". Vous croyez que nous nous sommes éloignés de la chanson; au contraire, nous y arrivons et elle arrive, elle aussi, AU POUVOIR! C'est bien en effet d'un véritable pouvoir qu'elle sera bientôt investie, la chanson; les Québécois ont soif d'eux-mêmes et ils tendent leurs verres que bientôt elle remplira jusqu'à les faire déborder; elle les saoûlera, la chanson, les Québécois!

J'entends à la radio les premières chansons de Gilles Vigneault et celles aussi de Jean-Paul Filion, qu'interprète Jacques Labrecque. *La parenté* de Filion me ravit au plus haut point, probablement parce que je suis un homme de parenté. Mais c'est toujours et encore la poésie qui m'attire et mes amis sont tous loin du milieu qu'on finira par appeler ici comme ailleurs par son nom, typiquement américain, celui du show-business.

Mes amis, ce sont des poètes: ceux de l'Hexagone et les autres, dont Gilbert Langevin, tout jeune encore et tout frais arrivé de son Saguenay natal. Mes amis ce sont aussi le très jeune Claude Péloquin (tiens! la chanson LINDBERG!) et un certain Patrick Straram, devenu plus tard le Bison Ravi comme Cassius Clay s'est transformé en Mohammed Ali. Marié, déjà père de deux enfants et par surcroît homme heureux, j'observe à une distance prudente les acrobaties de cette jeunesse ardente et merveilleusement folle. Si je me mêle parfois, souvent même, à leurs longues nuits palabreuses, c'est pour mieux rentrer chez moi aux petites heures du matin (c'est pour mieux t'aimer mon enfant!) et jouir davantage du plaisir qu'il est convenu d'appeler "la chaleur du foyer". Un journaliste m'accusera plus tard de ne pas être un merveilleux fou comme l'ont été Charlebois, Duguay Raoul et d'autres; c'était à la suite de trois récitals de *Poèmes et Chansons* que j'avais donnés à la Bibliothèque nationale... Où sont les fous et les sages, qui sont les faibles et les forts? Roue de fortune du show-business et roue d'infortune du spectacle, les chansons forment la grande chaîne du grand "set carré" de la vie qui tourne en rond.

Gilbert Langevin, qui n'est ni le dernier des vrais ni le premier des fous, mais qui est POÈTE, avait fondé une maison d'édition de poésie: les Editions Atys, et il voulut publier un recueil de poèmes sépara-tristes de moi: *Chante-Pleure*. Cela se fit chez Guillaume, l'imprimeur-homme des bois, dans son atelier de la rue Saint-Laurent. C'était enfin, pensai-je, mon premier recueil de poèmes publié non plus à compte d'auteur, mais chez un éditeur de poésie. Je ne ferai pas injure au merveilleux Gilbert Langevin en vous révélant que le recueil ne sortit de chez l'imprimeur qu'après que j'eus accepté d'en payer le coût d'impression. Ah! merveilleux jeune homme du grandiose Saguenay, sache que je considère comme un privilège d'avoir publié "à compte d'auteur" à tes Editions Atys et que j'y publierais encore volontiers aux mêmes conditions, si mon âme de poète ne s'était un peu effritée en cours de route, tandis que la tienne, au contraire, devenait davantage jour après jour POÉSIE. Et si vous croyez à nouveau que je m'éloigne de la chanson, rappelez-vous que Langevin en a écrit de très belles que Pauline Julien a fort bien chantées.

Je crois que nous nous approchons vraiment de la chanson et il me semble que le recueil *Chante-Pleure* était déjà une sorte de longue chanson, était chanson plutôt que poésie; c'est d'ailleurs un poète parmi les plus grands, mon ami Gaston Miron, qui me le fit remarquer. Miron insista sur le fait que mes poèmes empruntaient davantage la forme de couplets et de refrains que la forme poétique et il me suggéra fortement d'écrire des chansons. L'idée ne me plaisait guère; je voulais être POÈTE, comme ceux dont je lisais les oeuvres dans la collection Seghers; je voulais vivre une vie de poète et je rêvais d'entrer en rapport intime avec quelques êtres humains, l'affection secrète et fidèle de quelques-uns m'ayant toujours semblé préférable à l'adulation explosive et capricieuse de la foule. Mais je devins poète-chansonnier... Voici comment les choses se passèrent...

Un jour d'automne 1964, ma script-assistante au Téléjournal de Radio-Canada, qui s'occupait de théâtre amateur, me dit qu'elle organise deux soirées chantantes au lycée Da Sylva. Je lui réponds en boutade que j'écris moi aussi des chansons. Elle me provoque, m'invite à participer à ces deux soirées de jeunes chansonniers. Je lui demande quelques jours de réflexion et, rentré à la maison, je fouille dans mes cahiers, je rapaille quelques textes dont je fais mes premières chansons et j'accepte finalement de prendre part aux deux soirées en question. Mais il y a un inconvénient de taille: je ne joue d'aucun instrument et je ne connais pas de musiciens. Des notes trottent dans ma tête, des airs simples, simplistes même, s'accordent avec des paroles et cela ressemble à des chansons. Plus les jours de ces deux réunions musicales d'amateurs approchent et plus le trac me saisit à l'idée de devoir chanter “devant le monde”. Et puis je n'ai ni l'habitude ni le temps d'apprendre par coeur ces premières chansons dont je déposerai les textes dactylographiés sur une chaise qui me servira en même temps de lutrin et de point d'appui en cas de défaillance.

Arrive le premier soir: parents et amis des jeunes participants sont dans la salle, impatients d'applaudir à leurs exploits, tandis que je me reproche amèrement de m'être laissé prendre à ce jeu dont j'ignorais qu'il fût à ce point difficile; péniblement, la gorge sèche, je fredonne sans aucun accompagnement ces quelques chansons faites à la hâte pour relever le défi de ma collaboratrice au Téléjournal. Après la soirée, l'un des participants, un jeune étudiant guitariste, joue sur son instrument les accords d'une de mes chansons et il m'offre de m'accompagner le lendemain soir; j'accepte. Le tout se déroula un peu mieux le lendemain que la veille et ce que je craignais se produisit: des amis de la salle de rédaction de Radio-Canada sont informés de mon aventure et me taquinent à qui mieux mieux. L'un d'eux, Yves Leclerc, devenu depuis journaliste à *La Presse,* suivait alors de très près la chanson québécoise naissante; il m'offre de me présenter à Gilles Mathieu, de *La Butte.* En compagnie de mon jeune guitariste amateur, de Lucien Gagnon (qui se qualifiait alors de coureur des bois) et d'Yves Leclerc, nous prenons un après-midi de décembre la route de Val-David.

C'était le 5 décembre 1964... il neigeait à plein ciel cet après-midi-là. Je n'avais jamais mis les pieds dans une "boîte à chansons". Autour d'un poêle à bois, dans le petit hall d'entrée de *La Butte,* je fredonne quelques airs à Gilles Mathieu; il m'invite alors à faire la première partie d'un spectacle à sa célèbre boîte, le 31 janvier suivant. Avant de le quitter, mon jeune guitariste lui demande qui sera la vedette ce soir-là. Nulle autre que Monique Leyrac! Elle allait chanter pour la première fois à *La Butte* et je ferais les frais de la première partie du spectacle; la perspective n'était pas sans me réjouir en même temps qu'elle m'effrayait.

Avec mon étudiant-guitariste amateur (il s'appelait Pierre Sévigny) qui ne sait tirer que quelques accords de son instrument, je chante d'abord au *Bar des Arts,* le soir du 16 janvier 1965, à l'occasion d'une soirée de poésie à laquelle participaient Miron, Chamberland, Péloquin, Juan Garcia et d'autres. Je crois me souvenir que Gilbert Langevin était avec nous et qu'il chantonna lui aussi quelques airs à sa façon lors de cette soirée organisée par le groupe *Passe-partout* auquel j'ai été mêlé dès le premier numéro de sa mini-revue de poésie imprimée à Saint-Constant par le poète Pierre Bertrand.

Il est d'ailleurs tout à fait dommage que *Passe-partout* n'ait pas vécu plus longtemps et qu'une telle initiative n'ait pas été davantage appuyée par le Ministère des Affaires culturelles ou celui de l'Education; la chose était sans doute trop simple et trop peu dispendieuse pour intéresser les gens en place, qui ne sont d'ailleurs la plupart du temps gagnés à certaines initiatives que par des promoteurs rusés, plus soucieux de leurs intérêts et de leur profit que de politique culturelle...

Enfin, le 31 janvier 1965, je suis au rendez-vous de *La Butte,* qui est assaillie par une grande foule venue voir Monique Leyrac; un trac fou me ronge littéralement au point que, jusqu'à la dernière minute, je me demande si je serai capable d'entrer en scène... au point que je me demande encore s'il n'eut pas mieux valu m'enfuir! Je n'avais pas terminé ma première chanson que la salle, archi-bondée, réclamait, d'abord timidement puis bientôt avec insistance, le tour de chant de Monique Leyrac. J'entonnai (mais l'entonnai-je?) d'une voix presque éteinte, la deuxième chanson, malheureux déjà en me souvenant que Mathieu m'avait demandé d'en faire QUATRE!

La salle était pleine de journalistes de tout acabit, allant de ceux qui se prennent au sérieux jusqu'aux scribouilleurs des journaux à potins. Après la deuxième chanson, un véritable chahut envahit *La Butte* surchauffée: les uns voulaient que je quitte la scène, d'autres réclamaient au contraire la chanson suivante. Heureusement que mon ami Gaston Miron était de ceux-là et que sa voix de stendor, retentissante, dominait ce vacarme. N'ayant jamais encore mis les pieds sur une scène, j'ignorais absolument tout du déroulement d'une soirée de chansons. Comme découverte c'en fut tout une... verte! Je restai interdit, débitant les deux dernières chansons on ne peut plus péniblement, et je quittai la scène plus mort que vif, exactement comme on sort d'un cauchemar... Et il faudrait que tout cela recommence au deuxième spectacle, celui de onze heures! Je n'arrivais pas à croire que l'on put faire un tel métier. Et puis, sur-

RECITAL

passe-partout

Poèmes de

MIRON
CHAMBERLAND
PELOQUIN
GARCIA . . .

Chansons de

GEORGES DOR

16 JANVIER A 9H. P.M.
BAR DES ARTS
286 STE-CATHERINE O.

ADMISSION: $1.25 PLUS DE VINGT ANS

IMPRIMERIE LÉTOURNEAU St-Constant — St-Rémi

tout, la mesquinerie des gens me parut grossière, vulgaire, indécente même. A 34 ans, père de trois enfants, ayant un emploi qui me plaisait à Radio-Canada, l'idée de devoir "conquérir" un public m'apparaissait littéralement grotesque.

De deux choses l'une: ou cela marcherait tout seul, ou cela ne marcherait pas du tout. Après cette expérience catastrophique, l'idée même de chanter "devant le monde" ne me vint pas à l'esprit pendant plusieurs mois. Mais, au printemps, l'envie me prit de me donner l'occasion de vérifier si je saurais faire face "au monde" et réussir à communiquer avec un public. Pour ce faire, il me fallait avoir l'occasion de chanter plusieurs soirs de suite. Je demandai donc à Radio-Canada de m'accorder un congé sans solde d'un mois et je calculai qu'en y ajoutant ma période de congé annuel, je pourrais partir (ce que je fis) avec ma famille et un groupe de jeunes, pour la Gaspésie où nous animerions une petite boîte à chansons à Chandler, non loin de Percé. C'est là que je vis Gilles Vigneault sur scène pour la première fois. Il était alors au sommet de sa popularité, (il a depuis atteint d'autres sommets) sorte de demi-dieu ambulant, acclamé partout au Québec dont il incarnait le renouveau, la renaissance. Il vint chanter deux soirs à cette boîte à chansons aménagée dans un hôtel de villégiature au bord de la mer, sur le banc de sable de Chandler, endroit que nous quittâmes après deux semaines, les gens de l'hôtel (et moi aussi) ayant vite compris que nous n'y ferions pas fortune.

Entre-temps, par bonheur, Suzanne Guité, peintre et sculpteur, princesse de la Gaspésie, châtelaine de Percé (mais je sais qu'elle se flatte surtout du seul titre de GASPÉSIENNE), Suzanne Guité, dis-je, qui deviendrait une grande amie, nous offrit d'occuper un petit café qui lui appartenait à Percé: *L'Etrave*. Ce fut le salut pour la bande de vagabonds que nous étions: Marie Villeneuve et sa jolie voix, Marc Filion, aujourd'hui annonceur à Radio-Canada, Réal Barette, Pierre Sévigny et Jean-Claude Tremblay, alors jeune pianiste étudiant au Conservatoire de Montréal. La boîte s'appelait *Le Sablier*. Nous y chantions en choeur une chanson-thème au début et à la

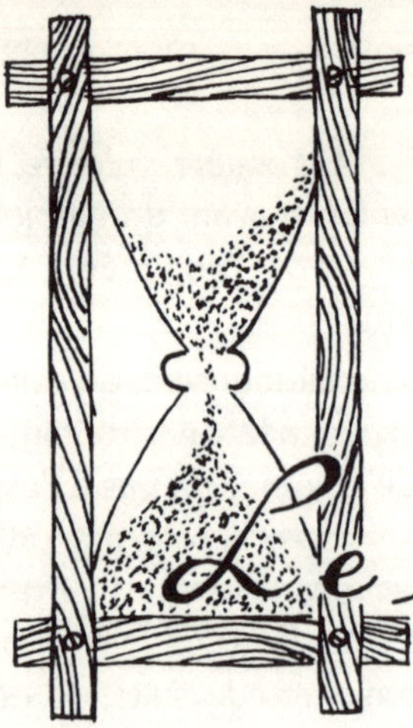

fin de nos soirées. Je me souviens qu'en nous rendant en Gaspésie nous nous arrêtâmes à Saint-Fabien-sur-mer, où Raoul Roy exploitait alors son fameux *Pirate,* boîte à chansons que tous les "grands" d'alors visitaient une fois l'an, au cours de l'été.

Cet été à Percé, avec femme et enfants et toute cette jeunesse autour de moi, fut fertile en émotions, en difficultés et aussi en émerveillements. Après quelques semaines au *Sablier,* il m'était devenu possible de "communiquer" avec un public, du moins de le faire devant un petit groupe de spectateurs, *Le Sablier* pouvant accueillir, "les bons soirs", une quarantaine de personnes. C'est à Percé que j'ai écrit *La Boîte à chansons,* et c'est là aussi que j'ai écrit *La Manic,* une nuit où j'attendais l'être aimé. J'avais lu, quelques mois auparavant, un numéro de la revue *Liberté* entièrement consacré au barrage de la Manicouagan; les souvenirs de Bersimis mêlés à l'attente du grand amour de ma vie firent le reste. Certaines gens dans le milieu du spectacle me reprochèrent à l'époque de n'avoir pas écrit une chanson sur les travailleurs de la Manicouagan; un imitateur à la mode m'en fit surtout grand reproche de même qu'il déplora le fait que chacun allait désormais vouloir faire sa petite "Manic"; il suggéra même que les vedettes de la chanson iraient jusqu'à faire des commerciaux, ce à quoi je me suis plusieurs fois refusé, mais tentation à laquelle il a lui-même succombé plus tard... comme quoi on ne sait jamais ce que l'avenir nous réserve. Il ignorait, cet homme, que des amis à moi étaient morts accidentellement sur le chantier de la Bersimis, et qu'il n'était aucunement question que leur souvenir soit mêlé au "Palmarès" de la chanson, fut-elle québécoise!

Au milieu du mois d'août, nous rentrâmes à la maison et je repris mes fonctions de réalisateur du Téléjournal . Christian Larsen, que j'avais connu au cours de l'été à Percé, m'offrit de faire un long-jeu chez Gamma. Je refusai net, car je ne me croyais pas prêt à le faire. Je chantai quelques fois, les fins de semaine, dans de petites boîtes

Sans voir ni pas pour voir encore
Ma main qui te fait signe d'attendre
Soir et matin je tends le bras
Je te rejoins où que tu sois

Parfois je pense à toi si fort
Je recrée ton âme et ton corps
Je te regarde et m'émerveille
Je me prolonge en toi
Comme le fleuve dans la mer
Et la fleur dans l'abeille

Que deviens-tu quand je suis pas là
Mon bel amour
Ton front ~~[illegible]~~ comme ~~[illegible]~~ [illegible]
Et tes yeux de velours
Te tournes-tu vers la Côte Nord
~~Soir et matin pour voir sans fin~~
La distance qui nous sépare (sépare)
(Et le chemin à parcourir)

~~Nous tendons les bras~~ matin et soir
Je te fais signe de la main

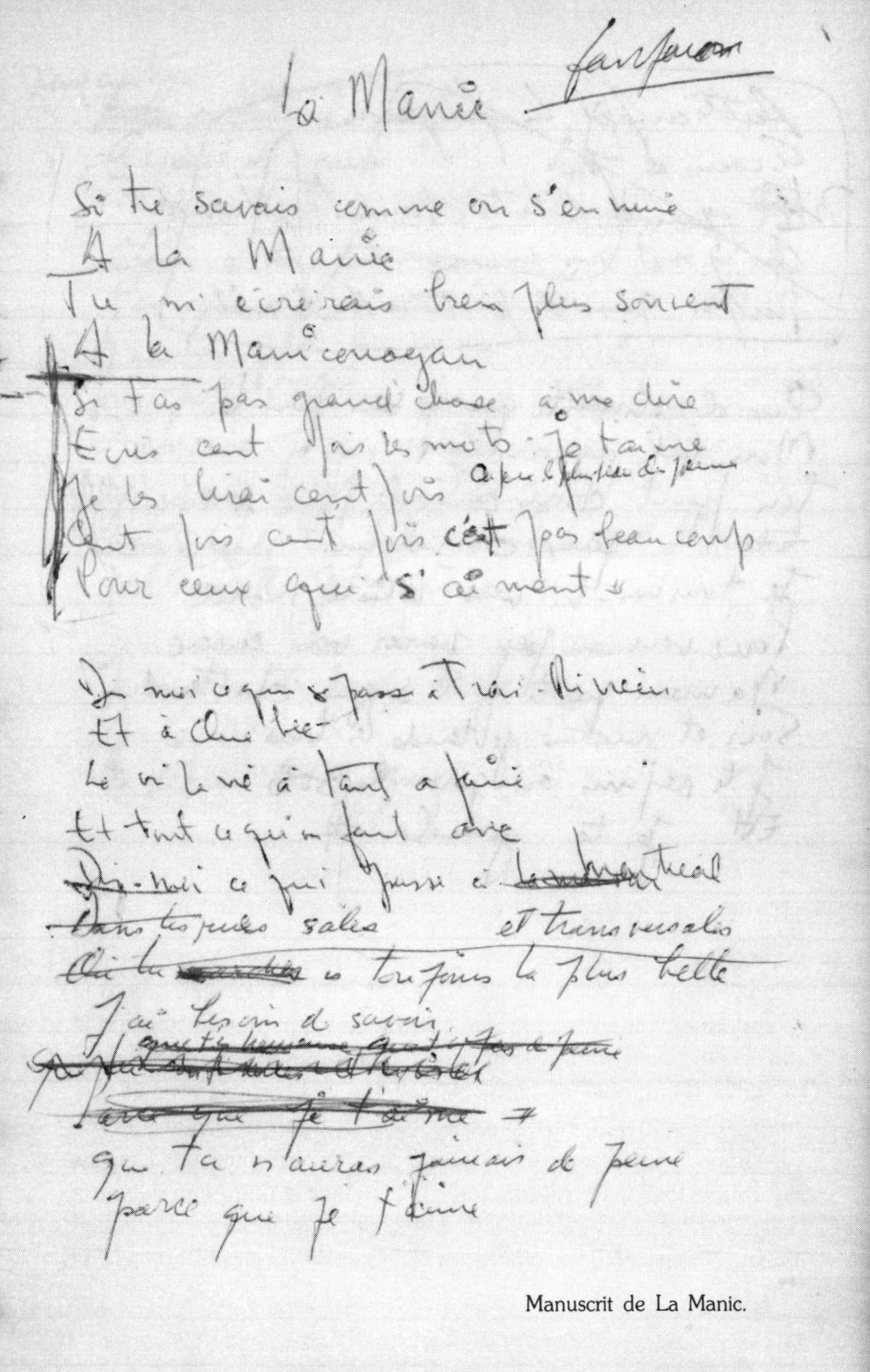
La Manic

Si tu savais comme on s'ennuie
A la Manic
Tu m'écrirais bien plus souvent
A la Manicouagan
Si t'as pas grand'chose à me dire
Écris cent fois les mots je t'aime
Je les lirai cent fois
Cent fois cent fois c'est pas beaucoup
Pour ceux qui s'aiment

Dis-moi ce qui se passe à Trois-Rivières
Et à Québec
Là où la vie a tant à faire
Et tout ce qu'on peut dire
J'ai besoin de savoir
Que tu n'auras jamais de peine
Parce que je t'aime

Manuscrit de La Manic.

à chansons, et, l'été suivant, je retournai à Percé avec Jean-Claude Tremblay pour y chanter quelques semaines au Centre d'Art de Suzanne Guité. Nous étions alors en 1966 et, à l'automne, j'acceptai de faire ce long-jeu pour la maison Gamma. Jean-Paul Filion venait d'y enregistrer un disque microsillon et cela me rassurait. Filion était poète et romancier...

Pierre Brabant, le pianiste accompagnateur de Filion, fit cinq arrangements de mes chansons et François Cousineau a fait les cinq autres. J'aimais tellement la musique que la rencontre de musiciens me paralysait. Je n'ai d'ailleurs pas changé sur ce point, et je crois bien que je m'émerveillerai toute ma vie devant un musicien qui s'assied au piano et qui "joue"; faire de la musique, en jouer, être musicien, sans doute est-ce de cela que j'ai rêvé dans l'enfance, sans en avoir conscience ou sans pouvoir le formuler. Toutefois, j'aurais sans doute été très malheureux de devoir être un musicien préoccupé de succès, limité à une production musicale pour consommateurs.

Au cours de l'été de 1966, je me rends à Eastman, au *Théâtre de la Marjolaine,* où joue alors François Cousineau, pour lui fredonner les cinq chansons dont il fera les arrangements. Parmi celles-là se trouve la *Complainte de la Manic,* titre véritable de la chanson connue ensuite sous le titre, raccourci par les producteurs, de *La Manic.*

Marcel Dubé est dans la salle du "Chat gris", à Eastman, quand je chantonne timidement *La Manic* à François qui, tout de suite, (et je lui en rends ici l'hommage en même temps que je l'en remercie), en saisit la rythmique répétitive et plaintive et l'encadre magnifiquement. En octobre, nous enregistrons le disque qui sortira à la mi-décembre. Après les Fêtes, la chanson tourne plusieurs fois par jour dans tous les postes de radio du Québec et grimpe rapidement en tête de tous les Palmarès. A la maison, le téléphone ne dérougit pas. Le réalisateur de l'émission "Jeunesse d'aujourd'hui" de la chaîne 10 de télévision veut absolument que je chante à son programme; cela m'apparaît loufoque et je refuse plusieurs fois l'invitation pour finalement accepter de le faire si jamais la chanson atteint la première place de ce Palmarès, ce qui se produit quelques semaines plus tard. Je suis coincé. Me voilà avec mon allure et ma chanson "pépére" à "Jeunesse d'aujourd'hui"!

N'ayant jamais rêvé ni de gloire ni de fortune, et ne connaissant absolument pas ni le milieu du show-business ni celui de la chanson, je n'imagine même pas alors que l'on puisse m'envier; pourtant certains, dans le milieu, me traitent en paria de la chanson, quasi en traître; on va même jusqu'à prédire la mort de la chanson québécoise, en prétextant qu'à l'avenir les chansonniers voudront tous faire leur "hit", leur "tube"; je ne crois pas que le succès populaire de *La Manic* ait en quoi que ce soit nui à la chanson québécoise qui a continué de fleurir davantage depuis; peut-être, au contraire, ce succès a-t-il ouvert les oreilles de certaines gens et les portes de certaines discothèques de postes de radio. Comme je l'ai écrit plus haut, on me reprochait aussi de n'avoir pas chanté les sueurs des travailleurs de la Manicouagan... Le travail quotidien, notamment en usine, n'a pas été pour moi une figure de style et j'ai toujours eu en aversion les présumés anarchistes qui chantent les sueurs des travailleurs à coups de gros cachets.

Janvier et février 1967 passent; le 10 mars, jour de mes trente-six ans, je me retrouve à *La Butte à Mathieu,* cette fois en vedette, et on y refuse plus de monde que lors de mon passage en première partie du spectacle de Monique Leyrac. Mais, toujours à l'emploi du Téléjournal et pas encore décidé à faire carrière (l'aurai-je jamais été ou le serai-je jamais vraiment?) je suis le dernier à croire que tant de gens viennent voir l'auteur de *La Manic* et je me présente en scène en ignorant toujours les lois du spectacle. Pour comble de malheur, au beau milieu de cette chanson que les gens attendaient avec impatience, mon jeune pianiste, victime d'un malaise, perd conscience! Oui, oui, absolument vrai! On le transporte hors de scène à la faveur d'un black-out, il se remet et le spectacle continue. J'écris "le spectacle", mais ce n'en n'était précisément pas un et j'irnagine aujourd'hui la déception de ce public venu assister au triornphe de l'auteur de la célèbre chanson...

Qu'irnporte, le temps passe et la sonnerie du téléphone retentit toujours à la rnaison. Je suis toujours réalisateur du Téléjournal et, pendant les fins de semaine, mon jeune pianiste et moi, nous "faisons" les boîtes à chansons ou les salles éloignées de Montréal. Cela rn'arnuse de me promener ainsi, en amateur, en troubadour; j'apprends à "parler au monde", à travailler avec des moyens de fortune, rnais, malgré moi, tout cela prend une ampleur imprévue. Cent rnille 45-tours de *La Manic*, vingt-cinq mille microsillons, cela fait des sous... Et moi qui n'en n'ai jamais eu! Que faire? J'essaie d'obtenir un congé sans solde d'un an de mes patrons à Radio-Canada, congé que l'on me refuse; finalement, d'accord avec ma fernrne Margot, je décide de quitter mon emploi pour "faire de la chanson".

1967. C'est l'été de l'Exposition universelle! L'attention de tout le Québec est tournée vers cet événement, tandis que moi je suis confronté avec rnon devenir. Des imprésarios (à moins qu'il ne faille écrire irnprésarii) rn'offrent de s'occuper de moi et de ma carrière, rnais cela ressernble trop à une affaire et je refuse; j'ai su plus tard que la chanson, fut-elle poétique et québécoise, était une affaire... SHOW-BUSINESS! The show must go on! Dès lors commencent à rn'échapper les contrats lucratifs et surtout, plus important encore, le préjugé favorable. Qu'importe! moi qui ai commencé à travailler à l'âge de seize ans comme livreur dans une pharmacie, au salaire de dix dollars par semaine, le moindre cachet m'est fortune!

Au cours de l'été, mon pianiste Jean-Claude Tremblay et moi allons nous produire deux semaines au Centre d'art de Percé. Un jour, là-bas, je reçois une lettre de ma femme Margot m'annonçant que Michel Gélinas, de la Comédie Canadienne, a téléphoné à la maison, qu'il voudrait me rencontrer et m'offrir de chanter, la saison suivante, à la Comédie... Imaginez! La COMÉDIE CANADIENNE! Mais que diable irai-je faire là, dans ce temple des grands de la chanson française et québécoise? Et avec qui? Et avec quoi? Je n'ai pas encore secoué la terre noire de Saint-Germain collée à mes semelles et la COMÉDIE CANADIENNE me fait signe... Je dois rêver! Nous rentrons à Longueuil, Jean-Claude et moi, pendant que se déroule à deux pas de chez moi la grande foire de l'Expo, où je n'ai pas été invité à chanter... (les imprésarios ou imprésarii...!) Tout de même, j'ai eu le plaisir d'être invité à chanter au pavillon de l'Union soviétique. Là, un commissaire du peuple m'entretient des dangers de tous les nationalismes et me fait part de son inquiétude d'avoir vu tant de drapeaux fleurdelysés lors du défilé de la Saint-Jean-Baptiste... Je lui explique que les drapeaux fleurdelysés sont nos seules armes, bien inoffensives à comparer à celles que l'on voit défiler sur la Place Rouge tous les premier mai. Mon commissaire du peuple parle un français impeccable, tout comme le guide féminin que l'on a mis à ma disposition et qui a le seul défaut de ne pas s'appeler Natacha. Je fais donc une émission de télévision au pavillon soviétique pour laquelle on m'offre un cachet que je refuse obstinément, expliquant qu'un Québécois peut bien chanter généreusement pour le peuple russe. On m'inonde alors de cadeaux que j'accepte volontiers: colliers d'ambre pour ma femme, jouets pour les enfants, disques pour moi. On m'offre aussi d'aller faire une tournée de spectacles en Union soviétique, offre qui me sera faite plusieurs fois par la suite et que j'ai toujours refusée à cause de mon incapacité à subir L'ÉLOIGNEMENT de mes amours: femme et enfants et aussi cette vaste parenté dont je suis québécitaire... A chacun son infirmité.

Rendez-vous à la Comédie-Canadienne. J'y rencontre Michel Gélinas. Il m'offre d'y faire une semaine en février suivant. J'accepte. Entre-temps, je reverrai François Cousineau qui fera les arrangements de mon deuxième disque chez Gamma: *Mes ormes dans la pluine*... Déjà l'automne est arrivé, l'automne 1967. Gaston Miron m'offre de publier à l'Hexagone un recueil de poèmes et de chansons qui s'intitulera tout simplement: POÈMES ET CHANSONS I. L'Hexagone, c'est la poésie, c'est Miron, c'est la pauvreté des moyens rachetée par la générosité illimitée d'un homme qui s'appelle toujours Gaston Miron. J'accepte avec empressement d'y publier *Poèmes et chansons I* et j'offre à Miron de céder à l'Hexagone mes droits d'auteur de la première édition. Le recueil sera lancé en même temps que le disque *Mes ormes dans la plaine* au cours d'une conférence de presse tenue à l'occasion du premier spectacle à la Comédie Canadienne, en janvier. Janvier 1968. En compagnie de François Cousineau et de quatre autres musiciens, je prépare le spectacle de Georges Dor, "l'auteur de *La Manic*", comme le soulignait la publicité de la Comédie.

Quelques semaines avant le jour de la première, je sens que tout m'échappe et je demande à mon vieil ami, André Payette, de venir à mon secours. André devient alors le "bouclier" entre les producteurs, les musiciens et moi. Il réussit d'ailleurs à merveille dans ce rôle d'intermédiaire et de défenseur du pauvre poète que je suis, au point que la réussite de cette PREMIÈRE est complète et qu'elle devient le véritable premier couplet de ma chanson... Merci André Payette, mon ami, d'avoir sauvé le bateau en péril. Les semaines qui précédèrent la première à la Comédie se déroulèrent comme dans un film. Puis arrive enfin le grand soir! Dans ma loge, Gratien Gélinas (rappelez-vous le tournage du film *Ti-Coq*) vient me dire le mot de Cambronne et je mets "mon bel habit".

Qu'avais-je à faire d'un bel habit, moi qui n'en n'avait jamais porté que le jour de ma communion solennelle et le jour de mon mariage? Mais comme je suis un être docile, je me plie volontiers aux usages alors à la mode dans le monde de la chanson québécoise... Il fallait porter un bel habit!

J'ai mis mon bel habit
J'ai dit on va chanter
J'ai mis mon bel habit
J'ai dit on va danser...

Une minute avant d'entrer en scène, le régisseur, Yves Gélinas, pendant que les lumières de la salle s'éteignent lentement, me souffle à l'oreille: "Monsieur Dor, êtes-vous prêt?" Alors, comme sortant d'un rêve, je compris enfin que j'étais la figure de proue de ce navire et que si je n'étais pas prêt, rien ne se produirait: cette sensation me déplut souverainement. J'aurais préféré être un simple rameur, fut-ce sur une galère. Ce "Etes-vous prêt?" résonne encore à mes oreilles, dix ans plus tard. Mais bien sûr que j'étais prêt, prêt à tout, même à l'impossible. Et n'est-ce pas à l'impossible qu'on me conviait ce soir-là à la Comédie Canadienne? Affronter une grande salle alors que je n'avais jamais chanté autrement qu'avec un pianiste seulement. Toujours est-il qu'à la fin du spectacle, ce fut l'ovation debout et une sorte d'enthousiasme émouvant gravé d'ailleurs sur le disque *Georges Dor à la Comédie Canadienne,* sans doute introuvable aujourd'hui sur le marché.

Ce qui amena Gratien Gélinas à écrire qu'il avait assisté ce soir-là à une relation artiste-public privilégiée et à Claude Gingras, de *La Presse:* "Une date dans l'histoire de la chanson québécoise!" Une date, c'est bien ce que cela fut, pour moi du moins, et c'est bien à cela que tout devait se résumer: une date, un jour, un soir. Les amis étaient là, la famille aussi. FAMILLE, cette réalité à laquelle une vie entière est consacrée.

La semaine se passa sans autre histoire que celle du succès; ce ne fut pas un triomphe de box-office, mais le succès, la réussite. Je refusai encore, après cette percée importante vers la galaxie des vedettes, de me soumettre aux lois du métier et de m'associer avec un imprésario. Je préférai continuer mon petit bonhomme de chemin: les boîtes à chansons, les salles moyennes, la province, les associations de toutes sortes qui réclamaient mes services (souvent à titre bénévole). Je rencontrai un autre pianiste, Gaston Brisson, qui sortait de l'école Vincent d'Indy avec ses "palmes académiques"; nous oeuvrâmes ensemble pendant près d'un an.

A l'automne de 1968, il m'arriva une expérience on ne peut plus merveilleuse: les Clubs Richelieu tenaient leur congrès international en France, plus précisément à Cannes, et on m'avait invité à partager la vedette du spectacle de clôture du congrès avec les Jérolas. Déjà, en 1967, Jacques Canetti, imprésario parisien qui a lancé en France les plus grandes vedettes du monde du spectacle et qui a été à l'origine de la carrière de Félix Leclerc là-bas, m'avait offert de me "lancer" en France, ce que j'avais refusé: le Québec alors me suffisait, comme il me suffit encore. Le Québec et l'univers! Toujours est-il qu'avec de vieux amis, Gilles Leclerc, Gaston Miron, André Payette et mon pianiste Gaston Brisson, qui était du voyage, lui, à titre professionnel, nous nous retrouvons à Cannes. Nous avions fait le voyage à bord de vols nolisés Montréal-Nice. Le rêve de mon adolescence et de ma jeunesse se réalisait ainsi, d'un coup: Montréal-Nice! L'Europe... la France...! Quelle émotion et surtout quelle joie de me retrouver sur le sol de France en compagnie de grands amis! Quelle semaine n'avons-nous pas vécue sur la Côte d'Azur dont Miron s'amusait à prédire qu'on allait désormais la nommer la côte d'azur et d'or (sic)!

Quelle découverte que celle de ce continent et de sa culture deux fois millénaires auxquels je rêvais depuis toujours! Nous restâmes trois semaines en France. Nous fîmes ensemble le plus beau voyage qui se puisse imaginer: de la côte italienne à Marseille et puis cette montée sur Paris par la route nationale 7. Mon ami Leclerc, véritable encyclopédie, me rappelait à chaque détour de la route ce que ma mémoire infidèle ou mon ignorance crasse ne pouvaient connaître ou reconnaître. LA FRANCE! L'EUROPE!

Je me souviens de l'avant-midi où, hypnotisés par le vieux port de Nice inondé de soleil, Miron, Payette, Leclerc et moi, ivres de beaucoup d'amitié et d'un peu de pastis matinal, nous n'arrivions pas à nous décider à poursuivre notre route. Sans doute ce matin-là a-t-il été l'un des plus beaux couplets de ma chanson... Je me souviens de ces deux jours passés à Marseille, dans un hôtel dominant le vieux port cher à Clairette et à tous les Marseillais du monde. Je me souviens de cette journée à Arles, de cette promenade dans la cour intérieure de l'Abbaye de Sainte-Trophyme et de l'euphorie qui nous faisait entonner quelque chant grégorien, souvenir de nos années de collège.

Souvenirs d'enfance aussi puisque, ai-je besoin d'en faire l'aveu, toute ma chanson est souvenir d'enfance. Et de quoi nous souviendrions-nous qui ne nous ramènerait pas à cette enfance qui nous accompagne, peut-être à notre insu, tout au long de l'existence? Ceux qui ont partagé avec de vieux amis les joies d'un voyage inoubliable me pardonneront volontiers de m'attarder ainsi sur l'étonnement d'un petit "habitant" de Saint-Germain de Grantham lors de son premier voyage en France. Arles, Nîmes, Avignon, toute cette Provence indescriptible et lumineuse; la Côte d'Azur et son luxuriant paysage, ses villas, ses hôtels, ses palaces...

Quand j'avais trente ans
A Cannes au Carlton...

La Camargue et ses chevaux et ses gitans. C'était en septembre, à la veille des vendanges, et les vignobles débordaient de ces nobles raisins qui font les vins les plus célèbres au monde. Mais bientôt me prit l'envie irrésistible de voir Paris dont nous nous rapprochions chaque jour davantage, avec au coeur ce pincement indéfinissable. Mes amis Leclerc, Payette et Miron avaient tous les trois déjà vécu à Paris, mais pour moi, ce serait une "première" au moins aussi émouvante que celle de la Comédie Canadienne.

Nous y arrivâmes enfin, dans ce Paris chanté sur tous les tons depuis des siècles, par un après-midi ensoleillé d'automne, et mes amis me guidèrent tout droit là où je voulais d'abord aller: NOTRE-DAME DE PARIS! Alors, le texte de *La Bonne Chanson* de l'abbé Gadbois me revint à l'esprit, presque mot à mot:

Sur l'immense parvis où rêve de la gloire
Dans sa robe de pierre où chante de l'histoire
Ouvrant large son temps où la foule s'entasse
Elle est là pour bénir l'Humanité qui passe...

Alors aussi, je pensai à mes ancêtres, je pensai à mon père qui n'aurait jamais eu le bonheur de voir cette splendeur qu'il aurait tant aimée. Je pensai à tous ceux que j'aimais et que j'aurais voulu voir à mes côtés: mes frères et soeurs, les mon'oncles et les ma'tantes, les amis et surtout, ma femme Margot qui n'avait pu être du voyage. Sur ces pensées se terminait déjà pour ainsi dire mon premier voyage en France, quoique nous dussions passer encore une dizaine de jours à Paris; car la pensée des êtres chers l'emporte sur tous les chef-d'oeuvres du monde.

Et puis surtout, quelle importance pouvais-je accorder à la chanson-carrière, au spectacle-chanson, quand il m'était donné de me promener dans Paris en compagnie de mon meilleur ami et d'un des plus grands poètes québécois? Au milieu de tant de merveilles, j'avais bien vite oublié la chansonnette... Jacques Canetti, qui m'attendait à Paris, m'avait pourtant ménagé quelques entrevues à la radio et quelques apparitions à la télévision qui furent toutes pénibles; dès lors je sus que la seule idée de faire même un semblant de carrière en France ne m'effleurerait jamais. Rien d'autre alors ne m'intéressait que de visiter cette ville-musée et cette ville-vivante, corridor de l'Histoire: le Panthéon, les Invalides et les grandes orgues de l'église Saint-Louis, la place de la Concorde, les Champs-Elysées; et la liste pourrait s'allonger interminablement... Après avoir vu ces merveilles, je n'eus plus envie que de rentrer chez moi, à Longueuil, à un point tel que, comme à chacun de mes voyages subséquents en France, je devançai la date de mon retour. Miron, qui s'étonnait de ma hâte de rentrer à la maison sortit un après-midi d'une librairie du boulevard Saint-Germain brandissant des cartes postales littéraires, une surtout qu'il se félicitait d'avoir trouvée et qui affichait cette citation de Rembrandt: *Demeure dans ta maison; ta vie entière ne suffira pas à découvrir les merveilles qui s'y trouvent.* Après avoir lu ou plutôt déclamé de sa voix de stentor la phrase en question, Miron éclata de ce rire sonore et inimitable qui ne manqua pas d'étonner les passants.

Une chose que je retiens de ce premier voyage en France: si nous n'avons pas assez de souvenirs pour justifier notre devise JE ME SOU-

DEMEURE dans ta maison, ta vie entière ne suffira pas à découvrir les merveilles qui s'y trouvent.

Rembrandt

VIENS, il me semble que les Français en ont trop pour pouvoir vraiment se souvenir.

De retour au Québec, la vie continue... En février 1969, je "refais" la Comédie Canadienne, à nouveau avec François Cousineau comme chef d'orchestre; nous y restons cette fois deux semaines au lieu d'une et nous partons ensuite en tournée à travers le Québec. Déjà s'émoussait l'émotion première, déjà s'estompait la gratuité du geste, déjà nous nous répétions. Il n'y a jamais en toutes choses que l'on fait qu'une première fois, et elle datait, cette première fois, de février 1968... Tout le reste est show-business.

En fait, elle datait, cette émotion première et pure, de l'été 1965, à Percé; mais on ne revient pas sur ses pas... Février 1969, donc, deux semaines à la Comédie Canadienne. Entre-temps, la chanson québécoise avait amorcé son virage "rock et joual", mais comment cela pouvait-il m'étonner? Il y avait des motards à Drummondville dans ma jeunesse et le joual n'avait jamais été pour moi une vue de l'esprit, mais une triste réalité quotidienne à la "shop". Je dis bien à la "shop" et non à la campagne, la plupart des campagnards québécois parlant un français savoureux et imagé. Entretemps donc il y avait eu Charlebois et l'*Osti-d'Show*. Aucun critique n'avait remarqué, semble-t-il, que la résultante la plus impressionnante de ce spectacle avait été l'émergence d'un homme de PAROLE: Yvon Deschamps... les Québécois étant et restant encore et toujours d'incorrigibles "parlotteux"! En février 1969, Charlebois était donc roi et maître de la chanson québécoise. C'était l'époque de la révolution dans la chanson et dans le show-business québécois et tout était permis à ceux qui osaient tout se permettre.

Ainsi, *La Manic* avait ouvert la voie à "l'électrique"! Tout devint "fuzz", "wa-wa", "ampli", "sound"! Déjà je me retirais dans mes terres, terrien impénitent, et je cédais la place. Il était de moins en moins question de CHAN-SON et de plus en plus de SHOW-SON! Il était surtout de moins en moins question de POÉSIE. Ce fut l'époque des "révolutavernes et des molsonutionnaires", comme l'a écrit Gérald Godin. Et pourtant, seule la poésie survivrait à cette vague, comme elle a toujours survécu à toutes les vagues, la poésie étant elle-même lac, rivière, fleuve, océan. Seuls, donc, Félix Leclerc et Gilles Vigneault, poètes de la chanson québécoise, survivraient à ce branle-bas dont il n'est pas exagéré de dire qu'il est presque toujours plutôt branlant et bas; seuls aussi survivraient Clémence DesRochers, Raymond Lévesque, Jean-Paul Filion et quelques autres.

Après avoir chanté à nouveau durant un certain temps avec Gaston Brisson, je renouai avec mon désormais ami, le pianiste Jean-Claude Tremblay.

Puis je rencontrai de jeunes musiciens avec qui j'eus le goût de collaborer: Robert Séguin, son frère Jean-Guy et les deux Pierre, Laverdière et Senéchal. Ensemble, nous fîmes un microsillon au studio André Perry, à Ville de Brossard: *Poèmes et chansons.* Daniel Lazare, des disques Gamma, ayant refusé d'en assumer le risque financier, j'en défrayai donc en totalité le coût de production. Ce fut un échec commercial, mais le disque était beau et certains l'accueillirent comme le disque de l'année au Québec. Là s'arrêta son succès. De plus en plus je prenais conscience du monde du spectacle et de celui de la chanson, de leurs interdits, de leurs lois inflexibles, de leurs exigences en même temps que de leurs limites. Mes quatre nouveaux musiciens avaient vingt ans "ou presque" et, s'ils ne furent pas d'un grand secours sur le plan musical, ils eurent au moins le mérite de m'apprendre "la nouvelle jeunesse", une jeunesse qui ne m'a fait en aucune manière regretter la mienne. Je dois tout de même rendre hommage à l'un d'eux, Robert Séguin, merveilleux jeune musicien qui a écrit la musique de la chanson *Pour la musique.*

Cette chanson devint un "tube" à Paris, comme elle a eu du succès ici; elle me valut d'ailleurs de nouvelles invitations à chanter en France, invitations que je déclinai pour les raisons que vous savez. Je me rendis tout de même à Paris, régler certaines affaires concernant ce disque qui "marchait" là-bas. J'y allai avec ma femme, Margot, et nous fîmes ensemble l'itinéraire Paris-Côte d'Azur qu'elle n'avait pu faire avec moi en 1968.

Beau visage avec tes yeux
Beau langage avec tes voeux
Bon voyage mes amours...

Ainsi, la chanson me payait encore une fois de retour et, avec ma femme, je fis le voyage que j'avais fait quelques années auparavant avec des amis.

Ce n'est pas quand je dis je t'aime
Que je t'aime
C'est bien plus loin
C'est bien plus fort...

En octobre 1970, avec mes quatre jeunes musiciens, nous tenons l'affiche pendant une semaine au théâtre Port-Royal, ma dernière présence sur une grande scène montréalaise, du 5 au 11 octobre plus précisément.

Ceux qui ont la mémoire du genre JE ME SOUVIENS feront bien vite le rapprochement avec certains "événements d'octobre" qui firent de notre semaine de spectacles un "four" quasi crématoire. Après, ce ne furent plus que des allées et venues ici et là, au Québec ou ailleurs au Canada, des disques microsillons marginaux, les retrouvailles (encore!) avec mon ami Jean-Claude Tremblay et quelques récitals de plus en plus espacés. Où diable m'avait donc mené cette aventure de la chanson? Où diable m'amènerait-elle encore? Allais-je m'atteler à la corvée de conquérir un public alors que rien d'autre ne me plaisait, dans ce métier, que la rencontre quasi intime avec quelques centaines de Québécois, certains soirs privilégiés? Je fis quelques saisons d'été au théâtre du Centre d'Art à Percé et mon nom devint à ce point associé à celui de Percé que beaucoup me crurent Gaspésien. Ces séjours à Percé, je les faisais autant pour m'accorder de merveilleuses vacances avec ma famille, au bord de la mer, que pour la chanson. Qu'allais-je donc faire à l'avenir?

Je décidai alors d'ouvrir, à Longueuil, une galerie d'art réservée aux peintres québécois; cette galerie, je rêvais qu'elle devînt un lieu de rencontre et de fraternisation, aussi bien pour les poètes et les musiciens que pour les peintres. Un ami écrivain et potier, réalisateur à Radio-Canada, Gilles Derome, se lança dans l'aventure avec moi, laquelle, hélas! ne s'avéra exaltante que l'espace de quelques mois. Je voulais baptiser le lieu "Galerie de la Rive sud", mais des

galerie georges dor

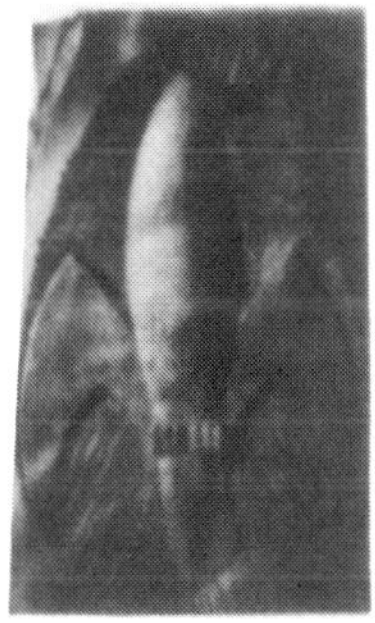

. . . mais ceux-là qui ont vu
je vois par leurs yeux
Gaston Miron

amis me convainquirent de l'appeler carrément "Galerie Georges Dor", croyant, à tort il me semble, que cela aiderait en quelque manière à lancer la chose. La galerie ouvrit ses portes le 21 septembre 1972. Ce fut la fête et l'enthousiasme, mais je découvris bien vite qu'elle ne serait pas, cette galerie, ce que j'avais souhaité; on ne revit pas à quarante ans les nuits palabreuses de la vingtaine. La galerie devint vite l'affaire de ma femme Margot qui réussit le "miracle" de la garder vivante durant plus de cinq ans. Je suis fier que plusieurs peintres aient eu l'occasion de s'y manifester, certains avec un succès remarquable. Mais que d'efforts, que d'imagination, que de patience et d'heures de travail de la part de Margot pour arriver à rendre la chose viable!

Et tout ce travail inlassable à peu près ignoré par la critique officielle des "arts plastiques". Je découvris alors l'existence du monde de l'art pictural officiel. Quelle pauvreté d'âme et quelle indigence d'esprit! Les chroniques d'arts plastiques me sont vite apparues cornrne étant beaucoup plus plastiques qu'artistiques. Certes, j'avais bien fréquenté quelques grands auteurs qui ont écrit sur l'art, mais n'ayant pas lu les rubriques des scribouilleurs de l'art plastique, j'ignorais qu'il existât un vocabulaire spécialisé pour les esprits vides et creux. Je n'ignorais pas cependant, ayant feuilleté quelques pages du petit Larousse, que "la critique est aisée, mais l'art est difficile", bien qu'il rn'eût été impossible à l'époque d'imaginer que la critique rnontréalaise pût se cantonner dans une insignifiance pareille; et, s'il est vrai, comme l'a écrit Montaigne, que "personne n'est exernpt de dire des fadaises", les critiques d'arts plastiques me semblent bien être les personnes les plus enclines à ce défaut: la volubilité du vide de l'esprit. Ne parlons pas du coeur...

Chers peintres québécois, sachez donc que je vous aime, et que je vous plains à la fois d'être les victimes de ces faiseurs de rhétorique creuse, de ces faussaires de l'intelligence du coeur! Heureusement que beaucoup d'entre vous ont le courage de poursuivre tranquillernent leur oeuvre créatrice et la sagesse de la soustraire à l'analyse prétentieuse des spécialistes locaux de l'Art.

Une galerie d'art à Longueuil: autre couplet de ma chanson.

Après avoir songé à réintégrer Radio-Canada comme rédacteur de nouvelles au Téléjournal , je repris le collier de la chanson pour cornbler le rnanque à gagner de cette galerie que Margot voulait absolurnent garder ouverte et vivante. Toujours sans imprésario et sans "rnanager" d'aucune sorte, je donnai à nouveau des récitals à travers le Québec et je gravai quelques disques qui passèrent inaperçus. Des amis me suggéraient de revenir pour de bon à la chanson et de rn'y consacrer davantage, mais le goût n'y était plus, pas plus d'ailleurs que les circonstances ne s'y prêtaient.

Le rnonde du spectacle de la chanson au Québec était devenu de plus en plus exigeant sur le plan du déploiement technique, visuel ou sonore. Je poursuivis mon petit bonhomme de chemin de poète-chansonnier avec mon pianiste Jean-Claude Tremblay. En 1974, avec la participation d'un autre jeune musicien, Luc Arsenault, nous passons l'été au Centre d'Art de Percé à roder un nouveau spectacle. Malheureusement pour moi (et fort heureusement pour lui) Jean-Claude Tremblay se vit offrir d'écrire la musique d'un nouveau télé-roman à Radio-Canada, "Avec le temps". Alors, à toutes fins utiles, je cessai de chanter. Je me mis à l'étude de la musique et du piano; je me remis aussi à l'écriture, publiant chez Leméac deux romans: *D'aussi loin que l'amour nous vienne* et Après l'enfance. Le premier roman, s'il m'a valu les sarcasmes d'un jeune critique littéraire d'un journal de Québec, a mérité par ailleurs les éloges de Jean-Ethier Blais. Etant, comme tout homme, vaniteux, j'acceptai les hommages de Jean-Ethier Blais et j'oubliai très vite, en même temps que son nom, les élucubrations du jeune Québécois.

Quelques années passèrent, puis l'occasion se présenta d'acheter une terre à Saint-Germain, au pays de mon enfance: maison de ferme, bâtiments, tout cela sur le chemin de Yamaska, qu'on appelait autrefois le "ch'min de Maska", où habitaient mes grands-parents maternels, les Joyal, et où habite encore mon oncle préféré, Alcide Joyal. Donc, à deux pas de la route trans-canadienne, entre Québec et Montréal, près du village de mon enfance, me voilà propriétaire d'une ferme. Le bâtiment situé derrière la maison me fascine: c'est une grange-étable on ne peut plus simple et de style classique québécois, du genre de celles qu'on retrouve un peu partout au pays laurentien. Je ne résiste pas à la tentation de la restaurer et d'y ouvrir un théâtre d'été. Autre couplet à ma chanson, le dernier sans doute avant un éventuel retour à "la" chanson.

Je me mis donc en frais, et à quels frais! Avec mon oncle Alcide et Paul Gingras, père de famille nombreuse et chômeur, de Longueuil, nous "nettoyâmes" le bâtiment, travail qui nous prit des semaines avant de pouvoir procéder, avec des spécialistes de la chose, au redressement de la bâtisse. C'était au printemps de 1976. "Un vrai travail de fou", disaient les voisins, qui me suggéraient de "mettre le feu là-dedans". Sans relâche, avec l'aide de l'oncle Alcide, de mon cousin Marcel Rajotte, d'un camarade de classe de la petite école du village, Robert Houle, et surtout avec le concours d'un ouvrier remarquable, Ernest Allard, nous allions réussir l'impossible. Armand Duff avait au préalable dirigé les travaux de redressement du bâtiment. L'impossible, oui! Il y a une chanson américaine que j'aime où il est question de cet *impossible dream* ...Entre-temps, j'avais rencontré un comédien, Jean Perraud, qui s'intéressa à mon idée de fou et accepta de collaborer avec moi pour présenter du théâtre d'été à Saint-Germain. Bien entendu, cette première année, la chose ne pourrait se réaliser qu'au mois d'août. En attendant, il y aurait des spectacles de chansonniers.

Dans l'intervalle, j'avais rencontré par hasard à Montréal le ministre des Affaires culturelles d'alors, M. Jean-Paul L'Allier, à qui j'avais fait part de mon projet,qui m'avait prêté une oreille attentive. Par bonheur, il me prêterait quelques mois plus tard un concours plus évident et plus tangible sous la forme d'une subvention qui, quoique ne couvrant que la moitié des frais encourus pour l'aménagement du théâtre, n'en n'était pas moins bienvenue et pour laquelle je lui suis très reconnaissant. Le théâtre s'appellerait THÉÂTRE LES ANCÊTRES. Pendant la suée des derniers jours que nous dûmes nous imposer pour achever l'aménagement des lieux qui sont ceux de notre patrimoine, les vedettes de la chanson québécoise faisaient "la fête de la bière", subventionnée à coups de centaines de milliers de dollars par le gouvernement du Québec; ce gouvernement dit libéral, cherchant sans doute à se gagner certaines sympathies avant les élections générales d'un certain 15 novembre, s'était montré on ne peut plus généreux envers les organisateurs de cette sorte de "Woodstock" québécois, comme il l'avait fait précédemment pour la super-franco-fête à Québec.

Mais on ne "chatouille" pas aussi facilement les racines profondes et véritables d'un peuple, si petit soit-il, et il arriva, le 15 novembre suivant, ce que vous savez.

Suis-je fasciné par le théâtre ou par les ancêtres? Et pourquoi ne le serais-je pas ▷
par la poésie qui baigne l'ancestral et le théâtral?

théâtre
les ancêtres

Enfin, le 23 juin 1976, tout était prêt pour l'ouverture du "Théâtre les Ancêtres", et les gens de Saint-Germain furent conviés à une soirée gratuite, soirée à laquelle je participai avec leurs violoneux, chanteurs, danseurs; ce fut une formidable récréation! Il me semble qu'elle venait couronner mon choix entre le show-business et la poésie... *entre le rêve et la réalité.*

A défaut d'autre diplôme, je soumets à votre examen ce Certificat d'instruction religieuse qui témoigne du chemin parcouru par les Québécois depuis 1944. ▷

CERTIFICAT
d'Instruction Religieuse

Nous, soussigné, certifions que Georges Henri Doré
a subi avec Grande Distinction l'examen final sur le catéchisme, a fait sa profession de foi et ses promesses de vie chrétienne.
En foi de quoi, nous lui avons décerné ce certificat.
Ce 27e jour du mois de mai 1944

Baptême le .... 19......
Première communion le .... 19......
Confirmation le .... 19......
Scapulaire le .... 19......

Paroisse de S. Frédéric, Drummondville

Chan. Paul Maynard
Signature du Curé

D. Saudinos-Ritouret, Edit
2, 4, 6, Pl. St-Sulpice, Paris
Lib. Action Catholique
Québec

Entre le rêve et la réalité

La chanson a pris au Québec une place d'autant plus prépondérante qu'il y avait ici un vide important à combler, aussi bien intellectuel qu'affectif. Si je me suis souvenu des premières chansons de Félix Leclerc que mon père écoutait avec attendrissement, c'est précisément parce qu'elles s'accordaient avec une affectivité trop longtemps brimée, comprimée, que ne satisfaisaient plus les couplets édifiants de *La Bonne Chanson*. Chez les pères, cela serait l'occasion de rattraper un peu de ce beaucoup de temps perdu, tandis que pour les fils, cela deviendrait le signal d'une libération affec tive. Le fictif et l'affectif... L'affectivité québécoise est bien connue, surtout des spécialistes de la publicité; pensez seulement au "commercial" le plus célèbre des dernières années: *On est six millions, faut s'parler*, dont il ne faudrait pas s'étonner qu'il devînt un jour l'hymne national du Québec et des Québécois.

Nous compléterions le tout en nous fabriquant un drapeau national à l'image de celui de l'U.R.S.S., en croisant dans le coin supérieur gauche, au lieu de la faucille et du marteau, le pic et la pelle; car c'est "au pic pis à pelle" qu'on l'aurait fait ce pays!

Les gens d'ici attendaient donc des chansons nouvelles et les poètes-chansonniers leur en feraient "à la pelle"... encore que certaines d'entre elles ont l'air d'avoir été faites aussi "au pic"! Cela coïncidait avec l'avènement, au Québec, de la société de consommation et les chansonniers devinrent vite les "porte-étend'arts" du Québec; ils résumèrent même, à un certain moment, tout l'art québécois. Certes, cela ne durerait pas toujours, mais cela durerait assez longtemps pour permettre à une certaine mythologie de se créer autour de la chanson et des chansonniers, au point que, dans les écoles secondaires et dans les CEGEP, au lieu de se pencher sur les textes d'Alain Grandbois ou d'Anne Hébert, on le ferait désormais sur ceux de Gilles Vigneault... et même sur les miens!

Les commerçants en firent vite leur affaire: la chanson se vendait comme des petits pains chauds, sous toutes ses formes: disques, livres, spectacles, voire même films qu'on tourna sur ses vedettes... Et cela continue, à preuve ce livre même que vous êtes en train de feuilleter sinon de lire attentivement.

ATTENTIVEMENT! A une époque où toutes choses sont à peine effleurées, la chanson ne pouvait pas ne pas régner en maîtresse, elle qui n'est qu'effleurement, elle qui est fleur au lieu que d'être arbre; on plante un arbre, on cueille une fleur et pendant que lentement pousse l'arbre se fanent les fleurs, surtout celles de rhétorique, à commencer par les miennes.

La chanson est spectacle et la poésie est réflexion. Peut-être avais-je trop vu de poètes crever de toutes manières (et par poètes j'entends "créateurs") pour pouvoir poursuivre sereinement, après m'y être lancé avec joie, une carrière trop facile et trop facilement rémunératrice dans la chanson. Il en coûte plus cher pour faire "un p'tit 45-tours" que pour imprimer un recueil de poèmes...

La chanson est accompagnement de nos vies quotidiennes, à la surface de nos êtres comme les vagues à la surface de la mer. D'ailleurs, pourquoi la chanson ne serait-elle pas l'oubli des profondeurs, et pourquoi la chanson dite "sérieuse" ou "poétique" ne serait-elle pas justement celle qui, en même temps qu'elle nous offre une vague rappel de ces profondeurs, nous permet instantanément de les oublier?

Quand on suit le courant
On ne voit pas l'eau passer...

Partagé entre le goût des profondeurs et les joies de surface, l'envie me revient parfois de suivre à nouveau le courant de la chanson.

chansons

les ancêtres

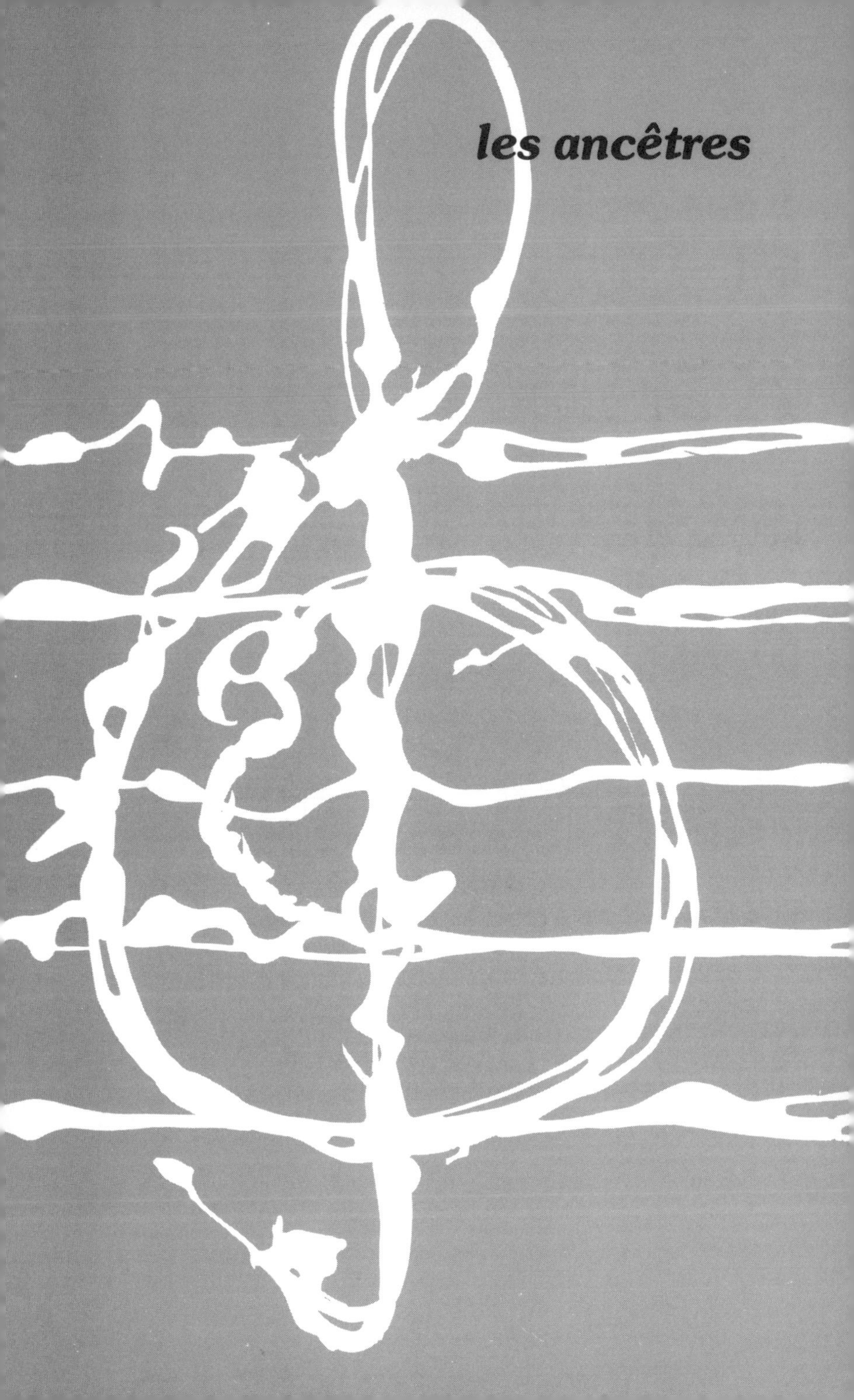

les Ancêtres

Vivace con vigoro

D'aussi loin que je me souvienne
Ils étaient faits pour le bonheur
Pour une vie trop quotidienne
Et pour le pire et le meilleur

Je parle d'eux sans les nommer
Car vous portez un peu leurs noms
Je sais qu'ils étaient pauvres et bons
Et qu'ils étaient parents ensemble
Et qu'ils savaient tenir le coup
Du mois de janvier au mois d' décembre
Et qu'ils aimaient prendre un p'tit coup
Et qu'ils aimaient aussi la danse

Je les revois grandeur nature
Enlacés pour danser la gigue
Et les croix de leurs signatures
Me font signe de leur fatigue

Je parle d'eux pour me convaincre
Qu'ils n'ont eu ni tort ni raison
Que survivre c'était déjà vaincre
Et qu'il fallait bâtir maison
Mais le jour des morts est passé
Fini le temps des survivants
Je ne veux pas d'un beau passé
Pour me consoler du présent

Les yeux faits pour la vigilance
Courbés entre l'arbre et le vent
Ils se taisaient mais leur silence
Nous a servi de paravent

Je parle d'eux par habitude
Ce que j'en dis c'est pour conter
L'histoire de leur servitude
Et pour enfin me révolter
Contre la peur et la quiétude
Et c'est pour enfin récolter
Ailleurs que dans la solitude
Ce pour quoi ils ont patienté

D'aussi loin que le temps nous vienne
Il nous vient un peu des aïeux
Leurs noms se mêlent à nos poèmes
Fini le silence des vieux

Venez voir un peu les ancêtres
On a continué l'univers
Le jour se lève à nos fenêtres
Et les sapins sont toujours verts
Dans notre vive appartenance
A cette terre et à ce temps
Nous n'aurons pas votre patience
Et nous serons payés comptant

la boîte à chansons

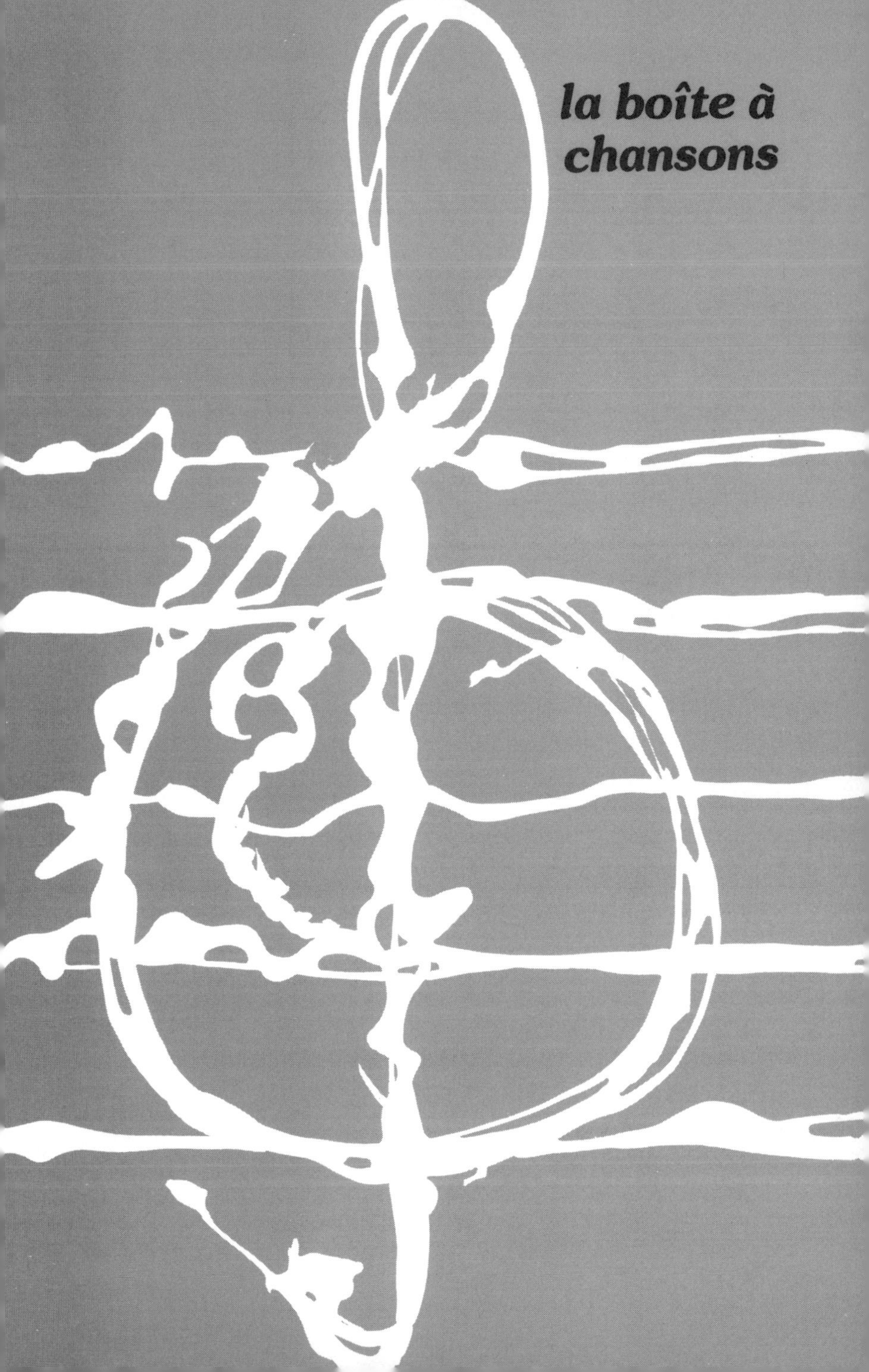

La Boîte à Chansons

Une boîte à chansons
C'est comme une maison
C'est comme un coquillage
On y entend la mer
On y entend le vent
Venu du fond des âges

On y entend battre les coeurs à l'unisson
Et l'on envoie toutes les couleurs de nos chansons
On y entend battre les coeurs à l'unisson
Et l'on envoie toutes les couleurs de nos chansons...

Un mot parmi les hommes
Comme un grand feu de joie
Un vieux mot qui résonne
Un mot qui dirait tout
Et qui ferait surtout
Que la vie nous soit bonne

C'est ce vieux mot que je m'en vais chercher pour toi
Un mot de passe qui nous ferait trouver la joie
C'est ce vieux mot que je m'en vais chercher pour toi
Un mot de passe qui nous ferait trouver la joie...

Irai-je jusqu'à vous
Viendrez-vous jusqu'à moi
En ce lieu de rencontre
Là où nous sommes tous
Jouant chacun pour soi
Le jeu du pour ou contre

Tu entendras battre mon coeur et moi le tien
Si tu me donnes ta chaleur moi mon refrain
Tu entendras battre mon coeur et moi le tien
Si tu me donnes ta chaleur... moi mon refrain!

je choisis de t'aimer

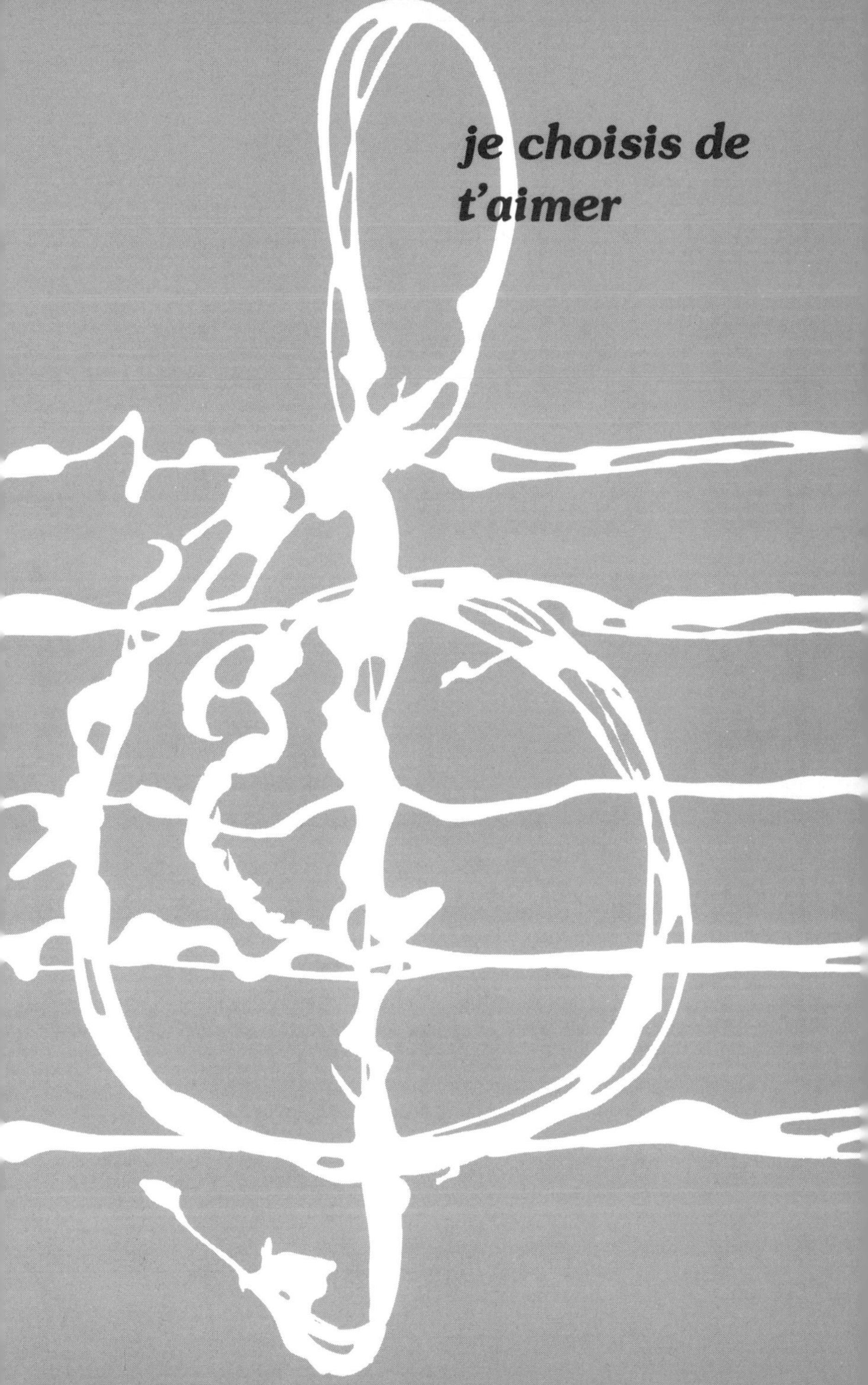

Je choisis de t'aimer

Je choisis mon amour de t'aimer
Pour le combat des jours
Et pour que dure notre amour
Contre vents et marées
Envers et contre tout
Et contre moi surtout
Sait-on jamais si l'amour va durer
Le temps qu'il faut pour faire

L'amour pour faire aussi la vie
Sans masque ni détours
Mais chaque jour je te choisis
Je te reprends pareille
A nos premiers combats
A nos premiers ébats
Sait-on jamais si demain nous pourrions
Nous aimer encore

Une fois et tout autant encore
Seuls avec nos deux corps
Pour habiter tout l'univers
Pour défaire le noeud
Que serre la mémoire
Et refaire le voeu
Sait-on jamais si les mots seraient les mêmes
Et comment nous les

Dirions et que serait la vie
Si nous recommencions
Comme de parfaits étrangers
Saurions-nous inventer
Tous les mots échangés
Et tout recommencer
Sait-on jamais si la vie a suffi
A nos amours et si

Un jour en un pays lointain
En un endroit secret
Fait pour la retraite des jours
Nous nous retrouverons
Dans le commencement
Et dans le dénuement
Sait-on jamais si l'amour ne revient pas
Un jour sur ses pas...

mes ormes dans la plaine

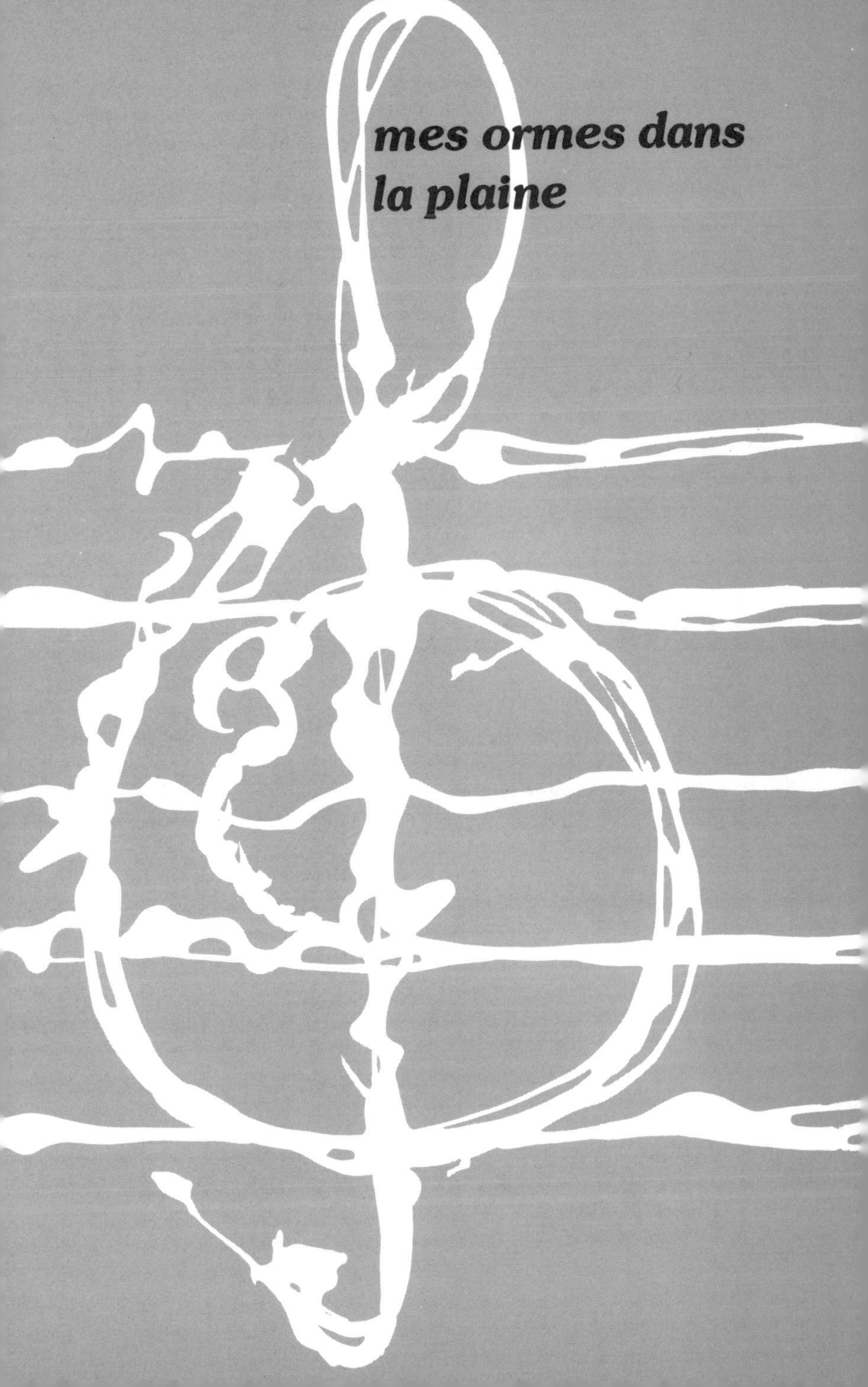

Mes ormes dans la plaine

Mes ormes dans la plaine
Qui saura donc parler de vous

Ormes d'hier et d'aujourd'hui
Ormes du jour et de la nuit
Debouts avant l'aurore

Ormes du soir et du matin
Ormes d'écorces et de satin
De vents et de feuillages
Vous habitez nos paysages
Et vous marquez notre destin

Témoins miraculeux du temps et de l'espace
Mon père fut-il enfant
Et ma mère fillette
Et moi vis-je le jour ici et là
Quelque part dans la plaine

Seuls monuments d'une histoire incertaine
Est-il vrai que ces terres étaient notre domaine
Combien d'hommes et de femmes
Ont refait tour à tour
Ici les gestes de la vie
Et là les gestes de l'amour
Et de quelle manière et de quelle façon
Ont-ils fait pour durer ont-ils fait la moisson

Et pour qui duraient-ils
Et pourquoi durons-nous
Têtus et anonymes
Incapables de vaincre
Et non plus de périr

Mes ormes dans la plaine
Nos belles écritures et nos plus beaux poèmes
La distance qui vous sépare est celle qui nous unit
Parfaitement invariable
Comme le sort qui nous lie
En gerbes de chiendent

le jeu de nos amours

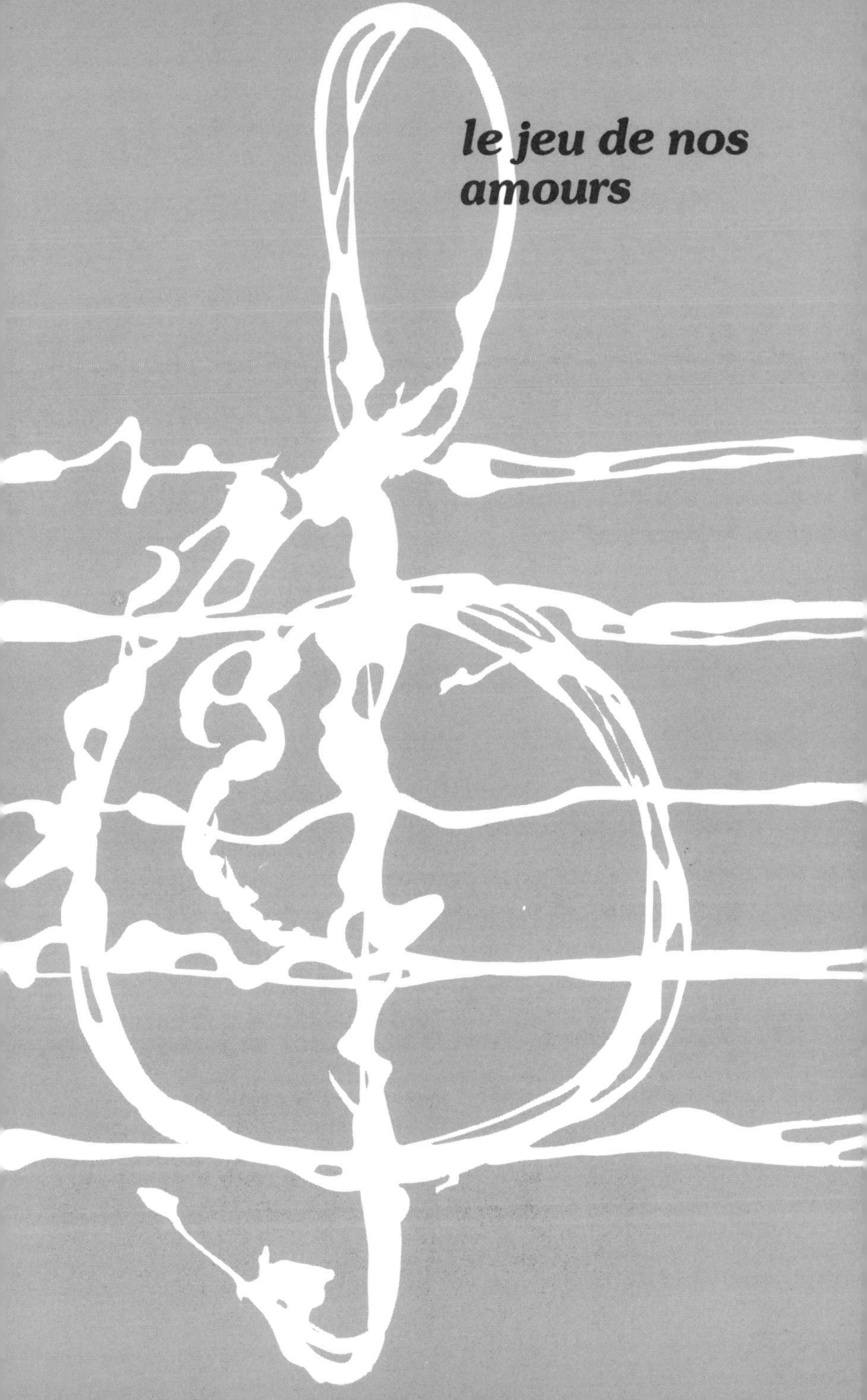

Le jeu de nos amours

Quel être au fond de nous qui se joue du réel
Se dresse dans le rêve au sommet de la tour
Fait de nos gestes vains des gestes essentiels
De nos mots égarés un chant de troubadour
Ballade inachevée de la vie qui s'affaire
Au milieu de la nuit à faire et à défaire
Le jeu de nos amours

Du plus beau du plus pur de ces mots de ce cri
La douceur ne retient que l'écho qui s'éloigne
Rien n'est jamais pareil et jamais n'est acquis
Ni le mot le plus doux qu'ait entendu oreille
Ni le chant le plus dur de l'oiseau noir qui veille
Aux portes de la nuit pour briser d'un coup d'aile
Le jeu de nos amours

Qui sommes-nous ma mie et serions-nous de marbre
Qu'il en irait toujours de la même façon
L'amour existe-t-il ailleurs qu'en nos chansons
Ailleurs qu'au plus secret du plus secret des arbres
Entre l'homme et la femme il y a l'abandon
Mais entre toi et moi se dresse la raison
Du jeu de nos amours

Referons-nous jamais le chemin à rebours
Et si nous le faisions jusqu'au point de départ
Serais-tu là ma mie y serais-je à mon tour
Et serais-je celui qui arrive ou qui part
Ne me dis pas ce soir ni demain que tu m'aimes
Tu le dirais trop tôt tu le dirais trop tard
Pour le jeu de l'amour

Reçois dans ma douceur la douceur d'un autre âge
Venue pour te couvrir comme en un beau linceul
Laisse le livre ouvert ne tourne pas la page
Il n'y a pas de mots pour les amours en deuil
N'ayons plus que l'émoi et le temps pour partage
Il fera bientôt jour de toutes nos amours.

la chanson difficile

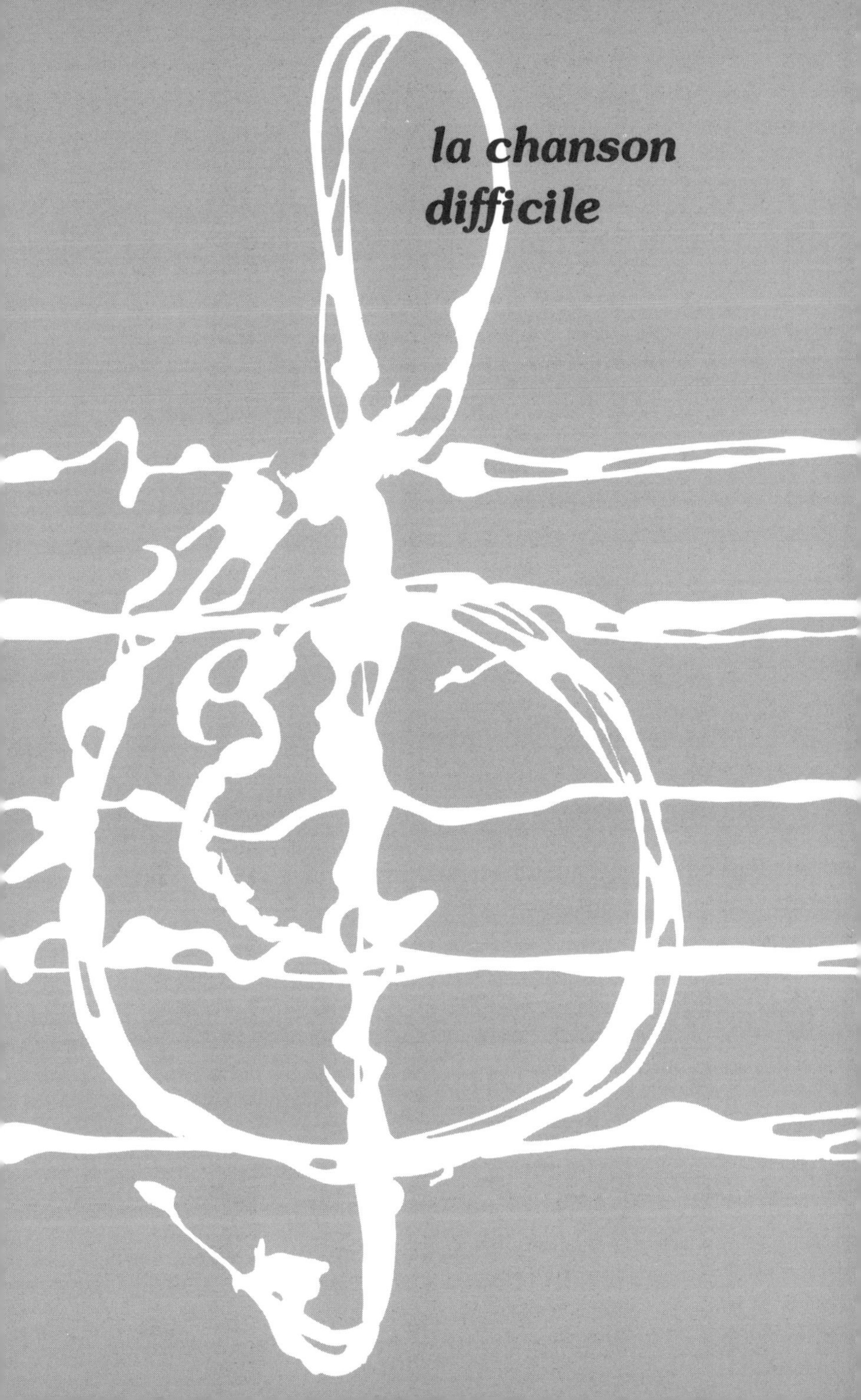

La chanson difficile

Quand je chante je deviens chanson
Quand j'écris je deviens poème
Et quand je dis que je t'aime
Je deviens le verbe aimer
A tous les temps
L'amour est pas difficile
Il suffit d'avoir le temps
L'amour est pas difficile
Et pourtant ça prend vingt ans
Avant de s'aimer comme il faut
Avant de s'aimer tendrement

Quand je danse je deviens rigodon
Je tourne et deviens ritournelle
Si tu voulais te mettre au pas
La danse ne finirait pas
Ni ma chanson
La danse est pas difficile

Il suffit d'avoir le pas
Le pas le plus difficile
Celui qui mène au trépas
Ce n'est pas un pas de deux
C'est un pas que tu fais tout seul
C'est le pas de géant du Bon Dieu

Quand je marche je marche vers toi
Toi l'autre à l'autre bout du monde
Toi le Chinois toi l'Africain
Toi l'Esquimau et toi l'Indien
Les crève-la-faim
La marche est pas difficile
Il suffit de faire un pas
D'en faire un autre et puis un autre
Sans s'arrêter à petits pas
On finira par se rejoindre
Pour partager le repas

Quand je parle je parle pour toi
Je dis ton nom je dis ta peine
Je dis que tu survis à peine
Avec ta petite vie quotidienne
Et tes enfants
Parler n'est pas difficile
Quand on parle pour parler
Mais comme les mots sont fragiles
Quand on parle de s'aimer
A travers les continents
Du rouge au noir du noir au blanc

Quand je chante je deviens chanson
Quand j'écris je deviens poème
Et quand je vous dis je vous aime
Je deviens le verbe aimer
A tous les temps...

chanson pour ma femme

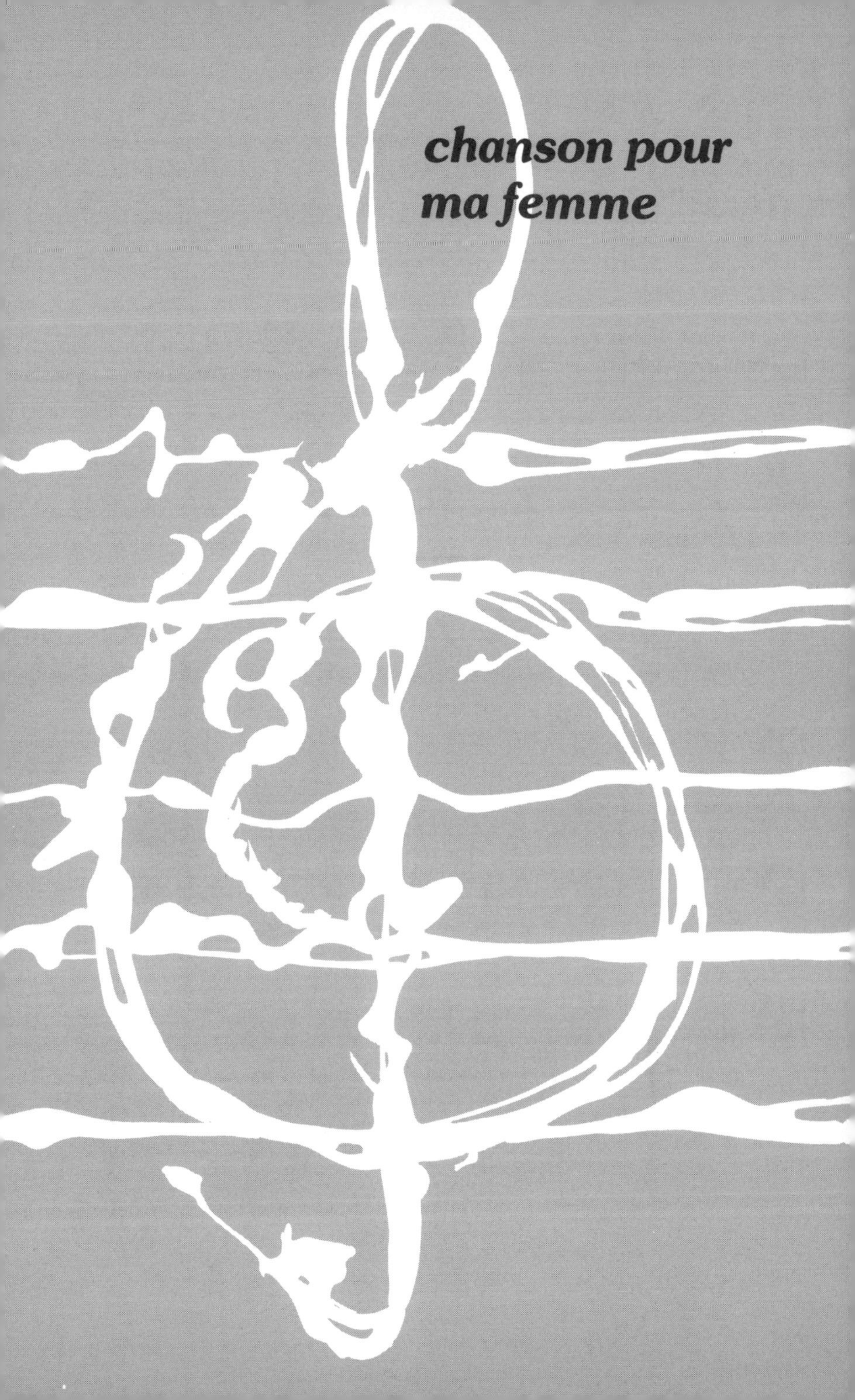

Chanson pour ma femme

Le très beau nom de mon amour
Quotidien comme le pain
Comme la vie quotidienne
Le très beau nom de mon amour
Et du tien et du mien
Et des amours anciennes

Nous vivons côte à côte
Mon bonheur est le tien
Et ta peine est la mienne...

Je t'appelle Margot sans raison
Sans ennui sans avoir l'air d'y croire
Tu réponds toujours: me voici
Tu es toujours ici et là
Quelque part dans ma vie

Et tu souris à peine
Et tu as l'air d'y croire
Quand je te dis: je t'aime...

Ton amour n'a pas quatre murs
Ni quatre lits
Et je puis t'aimer à mon aise
Chaque jour chaque nuit
Comme on aime la vie

Tu m'as fait des enfants
Plus beaux qu'arbres des champs
Plus blonds que blés des plaines...

Le plus vieux — le plus vieux a tes yeux
Le plus jeune a les miens
Et l'autre a ton sourire
Je nomme l'un tu nommes l'autre
Mais c'est toi mais c'est moi
Et nous deux à la fois

Le très beau nom de mon amour
Quotidien comme le pain
Comme la vie quotidienne...

entre l'homme et la femme

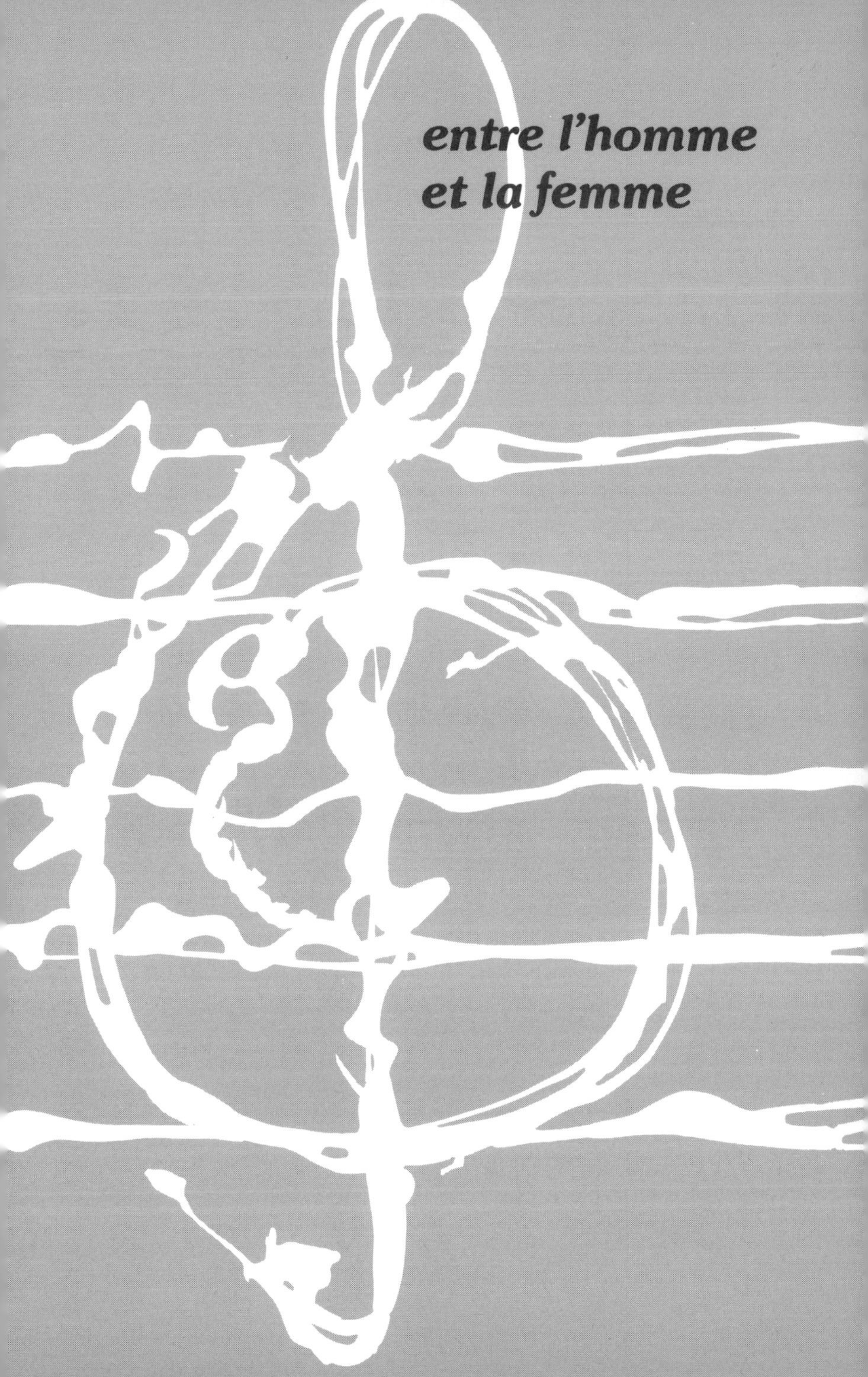

Entre l'homme et la femme

Moderato

Ce n'est pas quand je dis je t'aime que je t'aime
C'est bien plus loin
C'est bien plus fort
C'est au bout de mes mots que s'écrit le poème
Il est fait de ton âme
Il est fait de ton corps
Du temps que tu m'as pris au temps de ma jeunesse
Du temps que tu me donnes et redonnes sans cesse

L'amour entre nous deux s'est fait de lui-même
Comme au printemps
Naissent les fleurs
Nous avons tout donné
Mais c'était pour tout prendre
La raison du plus fort
N'était plus la meilleure
Mais il faut tous les jours vaincre l'indifférence
Rien n'est jamais fini pour que l'amour demeure

Tu restes à mes côtés la vie prend de l'avance
Nous connaissons
Les jours par coeur
Et nous avons connu
Les veilles les nuits blanches
Qui préparaient la vie
Et plaisir et malheur
Les journées font le temps du lundi au dimanche
Qu'en est-il entre nous de la fuite des heures

Cher amour de ma vie qui atténue ma peine
Sans tout à fait
M'appartenir
Tu as toujours été
Ma joie la plus prochaine
La vie nous fait défaut
Comment la retenir
Et faire d'un instant notre plus beau domaine
Et faire comme si tout allait devenir

Ce n'est pas quand je dis je t'aime que je t'aime...

un homme libre

Un homme libre

Tout homme qui se tient debout
Est le plus beau des monuments
Point n'est besoin pour sa mémoire
De statue ni de Requiem
Ni de Pavane ni de noir
Car on ne porte pas le deuil
De celui qui était si fier
Et qui était encore hier
Un homme libre...

Tout homme qui a fait sa vie
Et qui l'a vécue jusqu'au bout
Sans jamais se mettre à genoux
Sinon pour faire une prière
Quand il était petit enfant
Il peut partir le coeur content
Car on accueille à bras ouverts
Dans ce grand pays étranger
Un homme libre...

Tout homme qui a fait la paix
Quand il aurait pu faire la guerre
Celui qui a tendu la main
A son voisin ou à son frère
Au lieu de leur tendre des pièges
Et celui dont la dignité
Brillait dans le soleil d'été
Il restera même en hiver
Un homme libre...

Tout homme qui a partagé
Son pain sa vie sa liberté
Qui a vécu au coeur des villes
Avec ce petit coeur fragile
Qui aimait tant et tant et tant
Il peut se taire maintenant
On l'entendra dans la rumeur
Car ne meurt jamais vraiment
Un homme libre...

Et toi dans ta vie monotone
Dans les cent murs de ta prison
Toi dont le rêve se façonne
A l'envers de la vie des hommes
Dans l'oubli et dans l'abandon
Qu'importent les heures qui sonnent
Et qu'importe la trahison
Tu restes au coeur de ta prison
Un homme libre!

après l'enfance

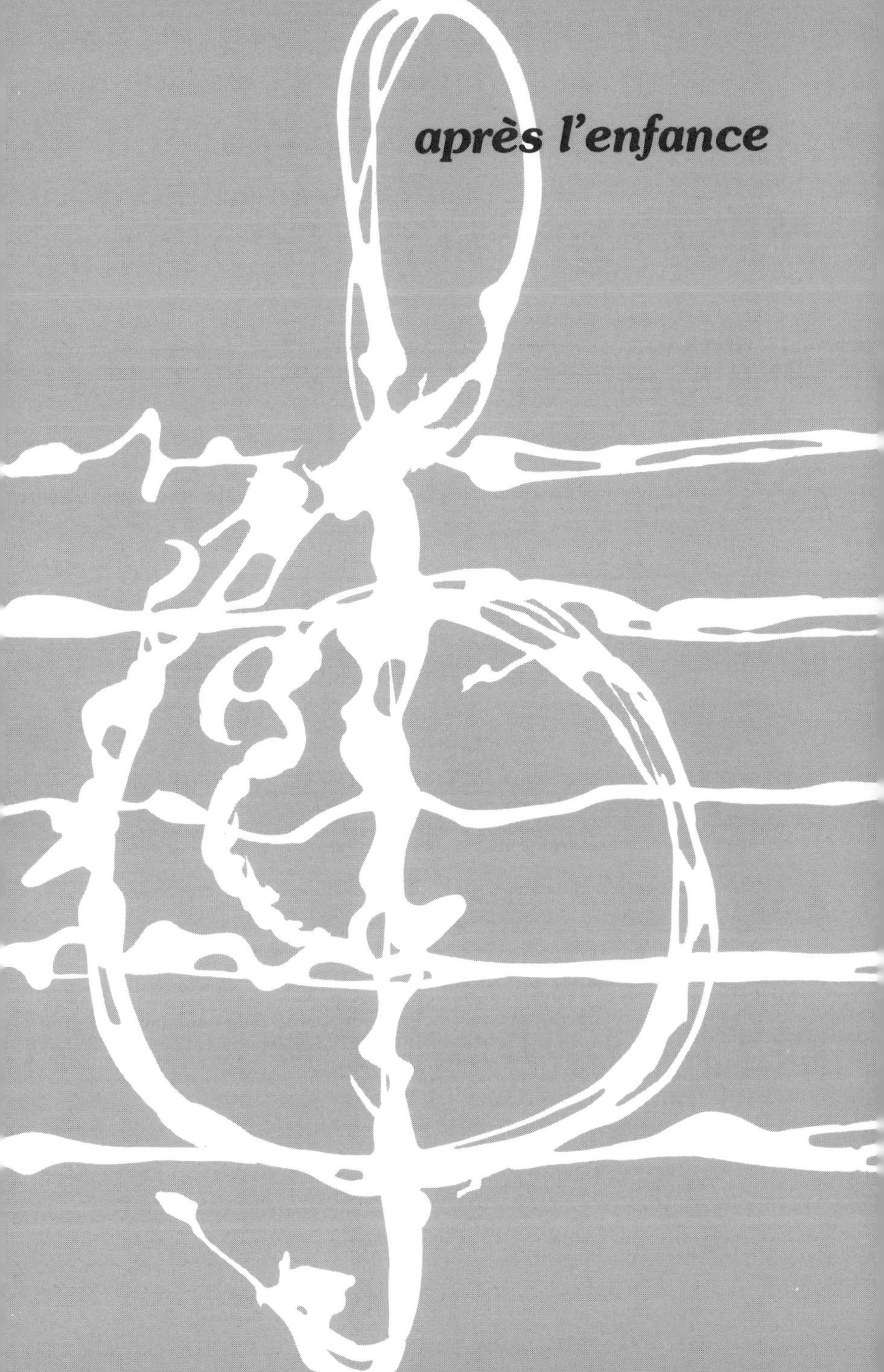

Après l'enfance
Con anima
Do# min. Fa# min6 Sol#7(-9) Do# min.
Do# min. Do#7(b9)
En-tre l'en-fance et la vieil-les-se Il y a l'es-pace d'u-ne
Fa# min7 Si7(9) Sol#7
vie Le temps de quel-ques a-mi-tiés et d'un grand a-mour de jeu-
Do# min. Do#7(b9) Fa# min7 Si7 Mi6
nes-se Il y a aus-si il y a aussi le temps des roses
Fa# min7 Do# min. Ré# min7
Le temps des li-las en fleurs, le temps de t'ef-fleu-rer à peine ô mon a-
Do# min. Sol#7 Do# min. Coda Do# min. Sol#7 Do# min
mour, ô mon bon-heur. mour, ô mon bon-heur.
Do# min. Fa# min6 Sol#7(9) Do# min.

Entre l'enfance et la vieillesse
Il y a l'espace d'une vie
Le temps de quelques amitiés
Et d'un grand amour de jeunesse
Il y a aussi
Il y a aussi le temps des roses
Et le temps des lilas en fleurs
Le temps de t'effleurer à peine
O mon amour ô mon bonheur...

D'abord on croit que tout est vrai
Et que tout va durer sans cesse
Que le bonheur nous court après
Qu'il s'accroche à notre jeunesse
On croit aussi
On croit aussi que le temps presse
Que le jour va bientôt finir
Qu'il faut cueillir avant midi
Toutes les fleurs du paradis...

Mais bientôt repassent les heures
Les jours les nuits et les saisons
On enfante dans la douleur
Alors c'est la vie pour de bon
Et c'est ainsi
Que le temps devient habitable
On n'est plus jamais seul à table
On n'a pas le droit de faiblir
Il faut se taire il faut tenir...

On ne vit que de ses amours
Qu'on en vive ou bien qu'on en meure
On y revient presque toujours
C'est notre plus sûre demeure
Et c'est l'amour
Et c'est l'amour qui nous rassemble
Nous sommes faits pour vivre ensemble
Pourquoi faut-il nous séparer
Après l'enfance après l'été...

Heureusement tu m'accompagnes
Ma vie ma joie mon grand amour
Entre la plaine et la montagne
Tu restes avec moi tout le jour
Tu restes aussi
Tu restes aussi quand la nuit tombe
On se voit même dans le noir
Ils ne pourront pas nous avoir
O mon amour... ô mon bonheur...!

le sablier

Le Sablier

Con calore e moto
Ré 7(b9)
Sol min.
8va
Tu
Sol min. La 7(b9) Ré 9
oc-cu-pais le temps tu li-mi-tais l'es-pace A nos jeux in-ter-dits et
Sol 7(13) Sol 7 Do min. Do min.7 Do min.6 Ré 7(b9)
à nos seuls re-gards Mar-quant de nos a-mours la fin tou-jours
Ré 7(b9) Sol min. Do min.6 Sol min.
prochaine Ap-pa-reil-lant sans cesse é-vi-tant le dé-part
Ré 7 Sol min.
Aus-si loin-taine en moi que je l'é-tais moi-même
Fa Do min.6 Ré 7(b9)
Et bien plus douce en-core que les mots qui le di-sent
Sol min.6 Do min.7 Fa Sol min.
mour dans la con-ti-nui-té.

Tu occupais le temps tu limitais l'espace
A nos jeux interdits et à nos seuls regards
Marquant de nos amours la fin toujours prochaine
Appareillant sans cesse évitant le départ
Aussi lointaine en moi que je l'étais moi-même
Et bien plus douce encore que les mots qui le disent

Je n'ai pas su t'aimer ni toi ni ta jeunesse
Ni ta vie ni ton corps ni tes yeux ni ton âme
Qu'étais-tu autrefois quand tu étais ailleurs
Et qu'avons-nous brisé avant de nous connaître
Et qu'aurons-nous gardé d'autre que le secret
Qui nous unit encore au fond de la mémoire

Je t'aimais à te rompre et t'effleurais à peine
Dans la seule dignité de l'amour mon amour
Et par le seul désir qu'en ma vie tu demeures
Pareille à la complainte ancienne et voyageuse
Plus dure que le temps et plus douce que miel
Fidèle à ton image à ma peine infidèle

L'amour ne se perd pas si la vie nous égare
Et par-delà ce jour qui nous fut accordé
Se rejoignent nos mains se fixent nos regards
S'établit notre amour dans la continuité

saint-germain

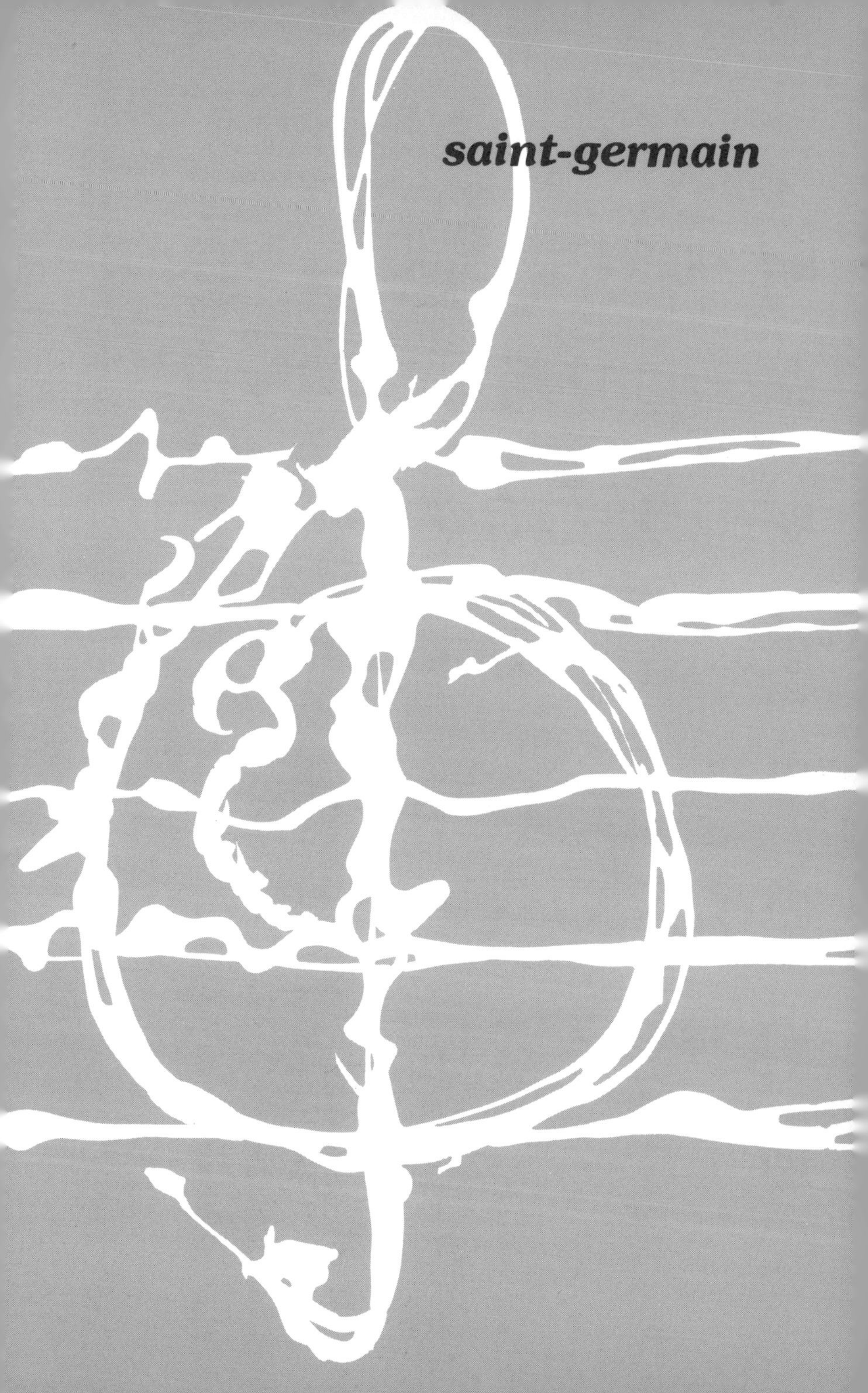

St-Germain

Allegretto
Ré
Ré min.
Sol min
Quand on vient pas de la Gaspésie ni de la Côte Nord
La
Quand on vient pas de l'A-bi-ti-bi ni de la Mau-ri-cie on vient d'nulle
Ré
Sol min
part Moi mes a-mis quand ils me demandent D'où c'est que tu
La
Ré
d'viens j'leur dis j'viens de St-Ger-main
St-Ger-main c'est dans la plai- ne La plaine
Fa # min
à perte de vue la plaine tran-qui-li-té On é-tait
Mi min.
La
loin du fleuve on é-tait loin de la mer On é-tait dans les con-

Quand on vient pas de la Gaspésie
Ni de la Côte Nord
Quand on vient pas de l'Abitibi
Ni de la Mauricie
On vient de nulle part
Moi mes amis quand y me demandent
D'où c'est que tu d'viens
J'leur dis
J'viens de St-Germain...

St-Germain c'est dans la plaine
La plaine à perte de vue
La plaine tranquillité
On était loin du fleuve
On était loin de la mer
On était dans les concessions
On était des concessionnaires
Du bout de la terre

St-Germain c'est la campagne
L'été c'est chaud comme en Espagne
L'hiver c'est fret comme en hiver
C'est rien que de la terre à bois
C'est rien que de la terre à foin
C'est de la terre noire qu'a l'air de rien
Mais c'est la terre d'où je viens
Pour vous chanter

St-Germain St-Anonyme...

la manic

La Manic

Tango
Do
Si tu sa-vais comm'on s'en-nuie à la Ma-
Ré min. Sol Do Sib Do
nic Tu m'é-cri-rais bien plus sou-vent à la Ma-ni-coua-gan
Do7
Par-fois je pense à toi si fort Je re-crée ton âme et ton corps Je te re-gar-de et m'é-mer-
Ré min7 Sol7
veille Je me pro-longe en toi Comme le fleuve dans la
Mi min Fa7 Sol7 Do
mer Et la fleur dans l'a-beille.

Si tu savais comme on s'ennuie
A la Manic
Tu m'écrirais bien plus souvent
A la Manicouagan
Parfois je pense à toi si fort
Je recrée ton âme et ton corps
Je te regarde et m'émerveille
Je me prolonge en toi
Comme le fleuve dans la mer
Et la fleur dans l'abeille

Que deviennent quand j'suis pas là
Mon bel amour
Ton front doux comme fine soie
Et tes yeux de velours
Te tournes-tu vers la Côte Nord
Pour voir un peu pour voir encore
Ma main qui te fait signe d'attendre
Soir et matin je tends les bras
Je te rejoins où que tu sois
Et je te garde

Dis-moi ce qui passe à Trois-Rivières
Et à Québec
Là où la vie a tant à faire
Et tout ce qu'on fait avec
Dis-moi ce qui se passe à Montréal
Dans les rues sales et transversales
Où tu es toujours la plus belle
Car la laideur ne t'atteint pas
Toi que j'aimerai jusqu'au trépas
Mon éternelle

Nous autres on fait les fanfarons
A coeur de jour
Mais on est tous des bons larrons
Cloués à leurs amours
Y'en a qui jouent de la guitare
D'autres qui jouent de l'accordéon
Pour passer le temps quand y'est trop long
Mais moi je joue de mes amours
Et je danse en disant ton nom
Tellement je t'aime

Si tu savais comme on s'ennuie
A la Manic
Tu m'écrirais bien plus souvent
A la Manicouagan
Si t'as pas grand'chose à me dire
Ecris cent fois les mots je t'aime
Ça fera le plus beau des poèmes
Je le lirai cent fois
Cent fois cent fois c'est pas beaucoup
Pour ceux qui s'aiment

revienne l'été,
finisse l'hiver

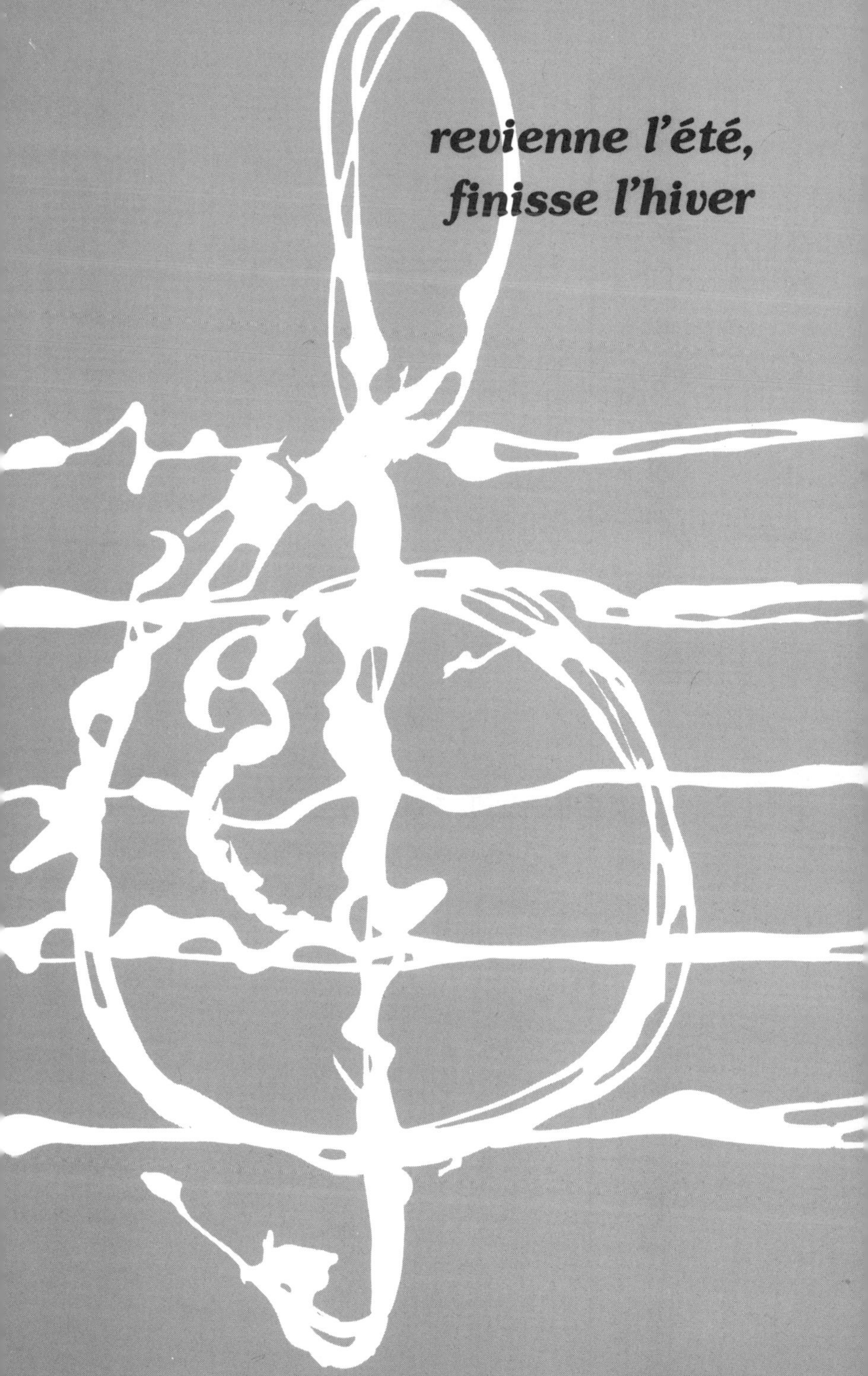

Revienne l'été, finisse l'hiver

Qu'elles soient d'usines ou de maisons
Vos cheminées quand elles fument
Marquent le temps et les saisons
Et vos peines l'une après l'une

Revienne l'été finisse l'hiver

Je vous ai vus il y a longtemps
C'était au temps de l'ignorance
Vous étiez aux travaux des champs
Et moi j'étais dans mon enfance

Revienne l'été finisse l'hiver

Dans la neige ou dans la verdure
Vous étiez toujours à l'ouvrage
C'était votre seule aventure
C'était aussi votre langage

Revienne l'été finisse l'hiver

Dans les tempêtes de janvier
Vos silhouettes vagabondes
Par les vents du nord emportées
Semblaient partir au bout du monde

Revienne l'été finisse l'hiver

Quand la tempête était finie
Vous apparaissiez gigantesques
Comme arrivant de l'infini
Avec vos formes arabesques

Revienne l'été finisse l'hiver

Mais le temps passe énormément
Le temps c'est tout ce qu'il sait faire
Et j'ai beau rêver de printemps
Vous m'attirez dans vos hivers

Revienne l'été finisse l'hiver

Le dernier mot de ma chanson
C'est aux ancêtres qu'il s'adresse
Je le crie aux quatre saisons
Le crie aussi à la jeunesse

Revienne l'été finisse l'hiver!

pépére moïse
mémére agnès

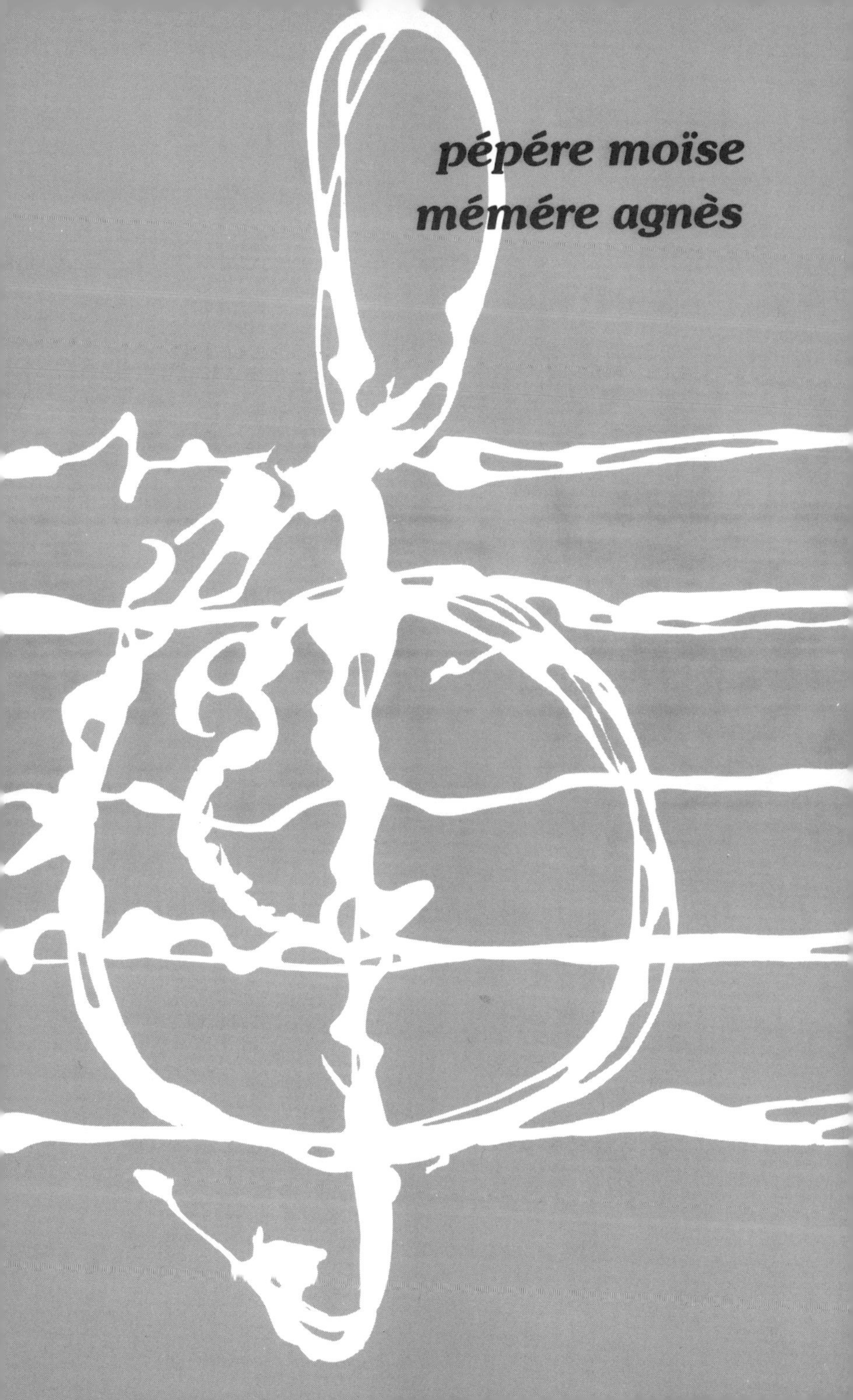

pépère Moïse, mémère Agnès

Pépére Moïse mémére Agnès
C'était dans l'temps de ma jeunesse
On allait tous les Jours de l'An
Leur dire nos beaux p'tits compliments
On arrivait toute la famille
Le père la mère les dix enfants
Et on entrait tous à la file
Y a donc de la place au Jour de l'An

Après c'était le Bal
Qu'a chanté Filion
Le grand Bal de la parenté
Quand tout le monde était arrivé

Y avait le mon'oncle des Etats
Qui callait les sets en anglais
La ma'tante qui jouait au piano
L'Ave Maria de Gounod
Puis y avait moi et mon enfance
Et l'enfance.. qui revient jamais!

Pépére Moïse mémére Agnès
C'était dans le temps de leur vieillesse
La vie s'achève doucement
Pour les grand'pères les grand'mamans
On les entoure de tendresse
On fait comme si de rien n'était
Mais c'est autour d'eux qu'on s'empresse
Y seront p't'être pas là l'an prochain

Y dansent encore la gigue
Mais ça dure pas longtemps
C'est rien que pour nous faire plaisir
Après ça tout le monde est content

Et puis le Bal se continue
Sur le plancher ciré du salon
Avec les mon'oncles les ma'tantes
Qui dansent au son des violons
Ça vous fait tout un "happening"
Comme on n'en reverra plus jamais!

Pépére Moïse mémére Agnès
C'était dans l'temps de l'allégresse
On n'avait pas besoin de bebelles
Pour être heureux la veille de Noël
Avec deux pommes et une orange
On entendait chanter les Anges
Gloire à Dieu au plus haut des cieux
Et sur la terre soyez heureux!

C'était comme une serre chaude
Au coeur des longs hivers
Un abri contre la frayeur
Quand venait le soir et la noirceur

Et quand il fallait se quitter
C'était comme si c'était pas vrai
Chacun allait de son côté
Je me demandais où y s'en allaient
Y s'en allaient tous vers la vie
Et pour la vie... qui revient jamais!

pour
la musique

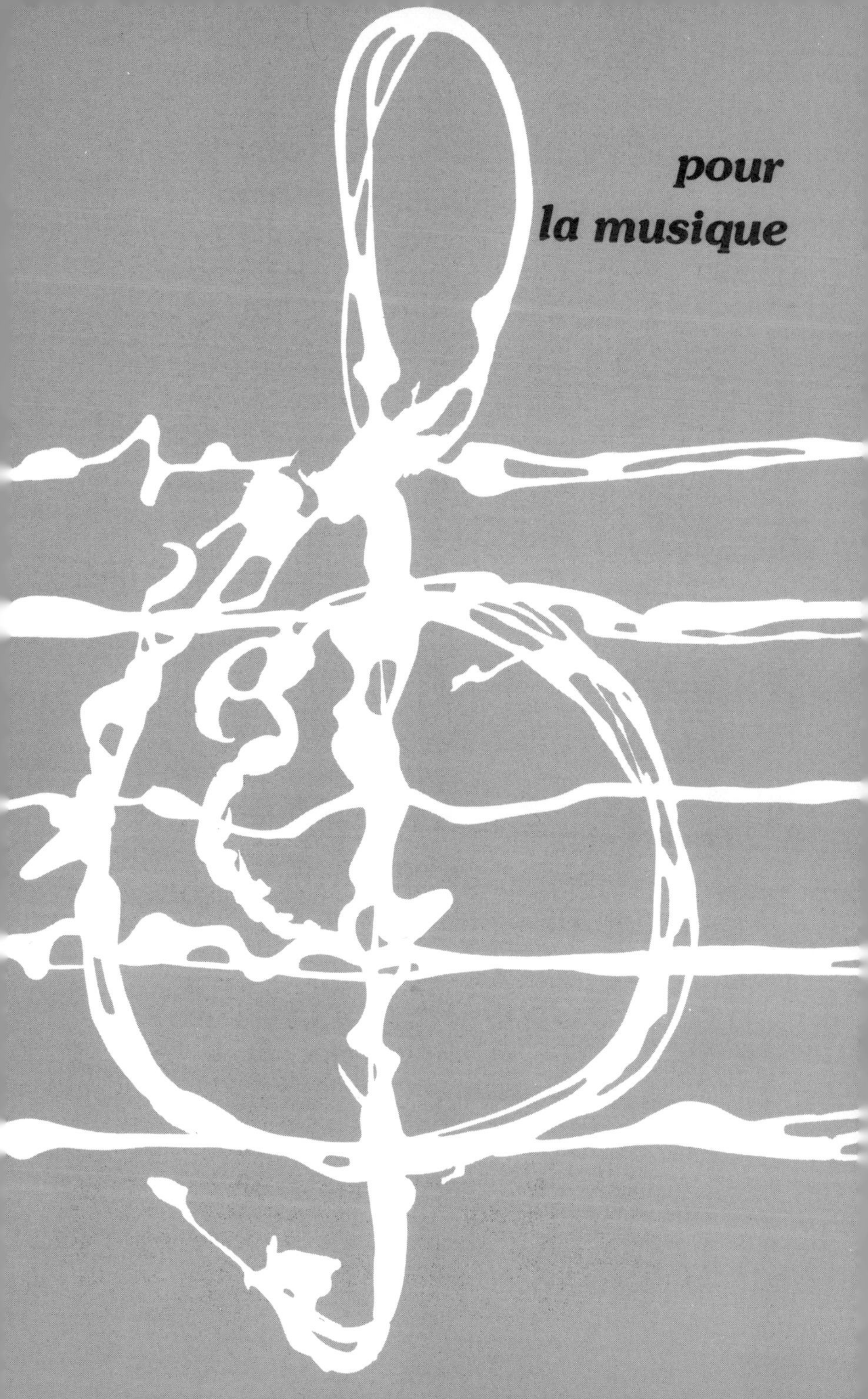

Pour la musique

Allegretto

T'as du Mozart à la maison
Du Mozart en microsillon
Et t'as aussi du Beethoven
Du Ravel et du Debussy
Qu'est-ce qu'on est venu faire ici?

Peut-être que t'aimes les Moody Blues
P't'être que t'aimes aussi Charlebois
Ou bien une vieille chanson d'amour
La Complainte de la Mauricie
Qu'est-ce qu'on est venu faire ici?

Tu peux écouter des chansons
De la musique symphonique
Du folklore ou bien du folk song
Joan Baez ou Jean-Paul Filion
Léo Ferré Aragon

P't'être que t'aimes aussi quelque chose
De très vieux ou de très ancien
Quequ'chose comme du chant grégorien
Qu'on chantait quand t'étais tout petit
Qu'est-ce qu'on est venu faire ici?

T'as quelques disques de Vigneault
Le Nord du Nord tu trouves ça beau
Mais ce que t'aimes par-dessus tout
C'est du Bach ou du Vivaldi
Qu'est-ce qu'on est venu faire ici?

mon petit enfant

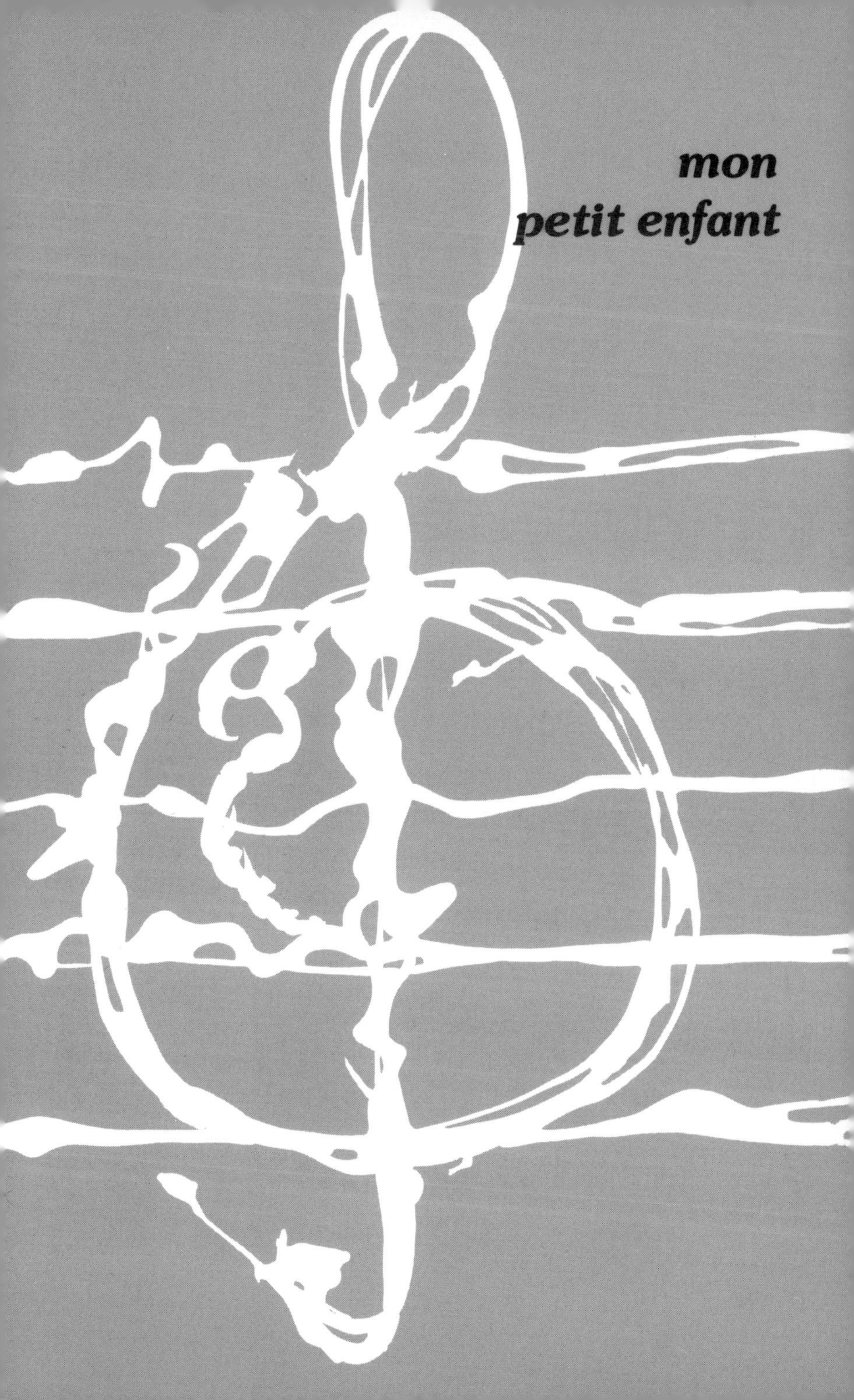

Mon petit enfant

Andante con affetto

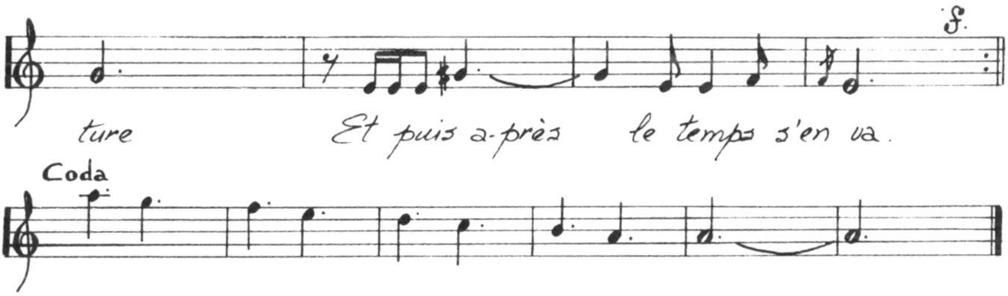

Mon petit garçon tu grandis trop vite
Bientôt c'est l'école devoirs et leçons
Tu n'as que trois ans et la vie t'invite
Elle t'emporte et brise tes joujoux
Sous le lit de ta chambre
Avec tes boîtes de carton
Mon p'tit garçon tu me ressembles
Car moi aussi j'ai eu trois ans
Mais maintenant
C'est bien ton tour
De conquérir la vie
La vie tu verras c'est une belle aventure
D'abord on saute la clôture
Et puis après le temps s'en va

Mon petit garçon dis-moi que tu m'aimes
Dis-le moi beaucoup en me serrant fort
Prends-moi par le cou dis-le moi encore
Les grands ne sont pas toujours les plus forts

Et le soir dans ta chambre
Quand vient la nuit et quand tu dors
Mon p'tit garçon tu me ressembles
Moi aussi je dormais très fort
Mais maintenant
C'est à mon tour
De veiller sur tes rêves
Le rêve vois-tu c'est tout ce qu'il nous reste
De l'enfance qu'on a perdue
Et de la vie qu'on a vécue

Mon petit garçon tu grandis trop vite
La vie nous sépare un peu tous les jours
Elle nous reprend tout ce qu'elle donne
Elle t'emporte ô mon petit enfant
Elle va reprendre ta chambre
Et puis tes boîtes de carton
Et puis tout ce qui nous ressemble
Tout va se perdre pour de bon
Mais maintenant
C'est notre tour
De vivre cette vie
Peut-être qu'après il y en aura une autre
Faite pour les petits enfants qu'on a été
Chacun son tour...

chanson pour ma mère

Chanson pour ma mère

C'est une petite chanson
Sans importance
Que chantait souvent autrefois
Ma maman
En repassant son linge
Ou en tricotant
Sur un air de valse
Une musique à trois temps...

Elle répétait en chantant
Des mots étranges
Je t'aime tu m'aimes mon ange
On s'aimera
Et de temps en temps
Elle s'arrêtait
Et laissait tomber
Ses broches et son tricot...

Moi je l'écoutais tout heureux
De l'entendre dire
Je t'aime tu m'aimes mon ange
Croyant que c'était moi
Qu'elle aimait ainsi
D'un amour si tendre
Et qu'elle chantait
Cette chanson pour moi...

Maintenant je sais que cette
Chanson si tendre
Elle la chantait en pensant
A ses amours
De grandes amours
Des amours d'enfance
Amours de jeunesse
Qu'on ne vit qu'une fois...

Et je sais aussi que le temps
Passe aussi vite
Que cette chanson que ma mère
Chantait autrefois
La valse est finie
Ma mère est partie
A peine le temps de compter

Une deux trois
Une deux trois
Une deux trois...

on appelle ça la vie

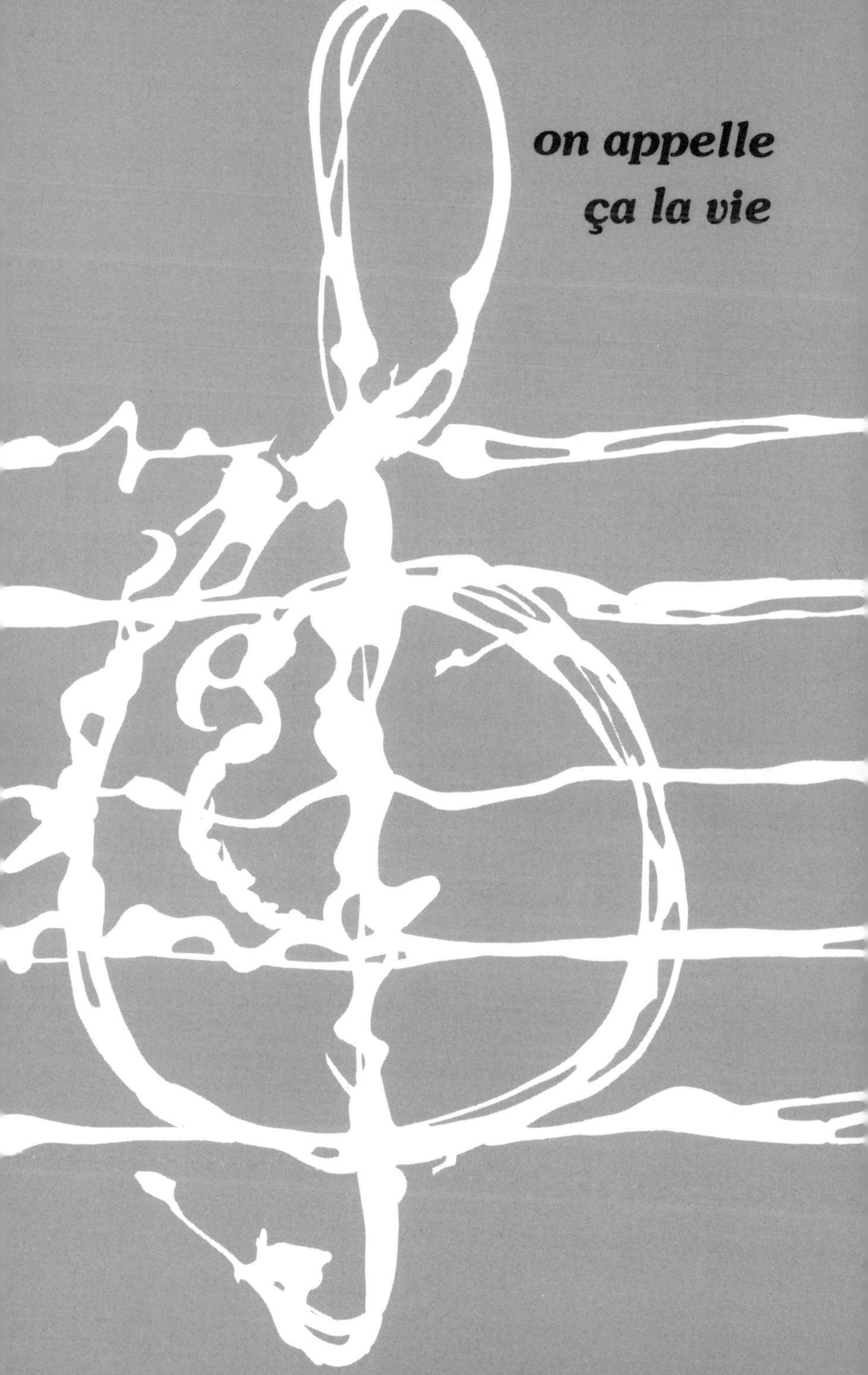

On appelle ça la vie

On passe quelques années sur terre
On appellle ça la vie
On perd le souffle on nous enterre
On appelle ça la mort
On dit je t'aime ou I love you
On appelle ça l'amour
L'amour en feuille comme en été
L'amour en deuil comme en novembre
Nos grandes amours de décembre

Mon bel amour qui m'est resté
Y faudrait pas que tu t'en ailles
Ce serait la fin de l'été
Et de nos épousailles
Y faudrait pouvoir récolter
Le fruit de nos semailles
Donne-moi ta main j'te donne la mienne
Y nous reste un bout de chemin
Nous le ferons quoi qu'il advienne

Y a plus d'enfants dans le carré de sable
Les p'tites autos sont toutes rouillées
Les grandes herbes ont envahi
Les auto-routes et les châteaux
Y a plus d'enfants dans le carré de sable
Les tracteurs sont tout détraqués
Qu'est-ce que ça donne des beaux parterres
Quand y a plus d'enfants pour jouer dedans
La vie est toute sacrée par terre

Aimez-vous donc quand il est temps
L'horloge ne s'arrête guère
Hier vous étiez des enfants
Mais vous direz bientôt naguère
On passe quelque années sur terre
On appelle ça la vie
La vie en rose quelquefois
La vie en noir aussi parfois
La vie tout court
La vie si courte...

Table des matières des chansons

Achevé d'imprimer sur les presses de
L'IMPRIMERIE ELECTRA *
pour
LES EDITIONS DE L'HOMME LTÉE

* Division du groupe Sogides Ltée

Ouvrages parus chez les Éditeurs du groupe Sogides

Ouvrages parus aux ÉDITIONS DE L'HOMME

ART CULINAIRE

Art d'apprêter les restes (L'), S. Lapointe, **4.00**
Art de la table (L'), M. du Coffre, **$5.00**
Art de vivre en bonne santé (L'), Dr W. Leblond, **3.00**
Boîte à lunch (La), L. Lagacé, **4.00**
101 omelettes, M. Claude, **3.00**
Cocktails de Jacques Normand (Les), J. Normand, **4.00**
Congélation (La), S. Lapointe, **4.00**
Conserves (Les), Soeur Berthe, **5.00**
Cuisine chinoise (La), L. Gervais, **4.00**
Cuisine de maman Lapointe (La), S. Lapointe, **3.00**
Cuisine de Pol Martin (La), Pol Martin, **4.00**
Cuisine des 4 saisons (La), Mme Hélène Durand-LaRoche, **4.00**
Cuisine en plein air, H. Doucet, **3.00**
Cuisine française pour Canadiens, R. Montigny, **4.00**
Cuisine italienne (La), Di Tomasso, **3.00**
Diététique dans la vie quotidienne, L. Lagacé, **4.00**
En cuisinant de 5 à 6, J. Huot, **3.00**
Fondues et flambées de maman Lapointe, S. Lapointe, **4.00**
Fruits (Les), J. Goode, **5.00**
Grande Cuisine au Pernod (La), S. Lapointe, **3.00**
Hors-d'oeuvre, salades et buffets froids, L. Dubois, **3.00**
Légumes (Les), J. Goode, **5.00**
Madame reçoit, H.D. LaRoche, **4.00**
Mangez bien et rajeunissez, R. Barbeau, **3.00**
Poissons et fruits de mer, Soeur Berthe, **4.00**
Recettes à la bière des grandes cuisines Molson, M.L. Beaulieu, **4.00**
Recettes au "blender", J. Huot, **4.00**
Recettes de gibier, S. Lapointe, **4.00**
Recettes de Juliette (Les), J. Huot, **4.00**
Recettes de maman Lapointe, S. Lapointe, **3.00**
Régimes pour maigrir, M.J. Beaudoin, **4.00**
Tous les secrets de l'alimentation, M.J. Beaudoin, **2.50**
Vin (Le), P. Petel, **3.00**
Vins, cocktails et spiritueux, G. Cloutier, **3.00**
Vos vedettes et leurs recettes, G. Dufour et G. Poirier, **3.00**
Y'a du soleil dans votre assiette, Georget-Berval-Gignac, **3.00**

DOCUMENTS, BIOGRAPHIE

Architecture traditionnelle au Québec (L'), Y. Laframboise, **10.00**
Art traditionnel au Québec (L'), Lessard et Marquis, **10.00**
Artisanat québécois 1. Les bois et les textiles, C. Simard, **12.00**
Artisanat québécois 2. Les arts du feu, C. Simard, **12.00**
Acadiens (Les), E. Leblanc, **2.00**
Bien-pensants (Les), P. Berton, **2.50**
Ce combat qui n'en finit plus, A. Stanké,-J.L. Morgan, **3.00**

Charlebois, qui es-tu?, B. L'Herbier, **3.00**

Comité (Le), M. et P. Thyraud de Vosjoli, **8.00**

Des hommes qui bâtissent le Québec, collaboration, **3.00**

Drogues, J. Durocher, **3.00**

Epaves du Saint-Laurent (Les), J. Lafrance, **3.00**

Ermite (L'), L. Rampa, **4.00**

Fabuleux Onassis (Le), C. Cafarakis, **4.00**

Félix Leclerc, J.P. Sylvain, **2.50**

Filière canadienne (La), J.-P. Charbonneau, **12.95**

Francois Mauriac, F. Seguin, **1.00**

Greffes du coeur (Les), collaboration, **2.00**

Han Suyin, F. Seguin, **1.00**

Hippies (Les), Time-coll., **3.00**

Imprévisible M. Houde (L'), C. Renaud, **2.00**

Insolences du Frère Untel, F. Untel, **2.00**

J'aime encore mieux le jus de betteraves, A. Stanké, **2.50**

Jean Rostand, F. Seguin, **1.00**

Juliette Béliveau, D. Martineau, **3.00**

Lamia, P.T. de Vosjoli, **5.00**

Louis Aragon, F. Seguin, **1.00**

Magadan, M. Solomon, **7.00**

Maison traditionnelle au Québec (La), M. Lessard, G. Vilandré, **10.00**

Maîtresse (La), James et Kedgley, **4.00**

Mammifères de mon pays, Duchesnay-Dumais, **3.00**

Masques et visages du spiritualisme contemporain, J. Evola, **5.00**

Michel Simon, F. Seguin, **1.00**

Michèle Richard raconte Michèle Richard, M. Richard, **2.50**

Mon calvaire roumain, M. Solomon, **8.00**

Mozart, raconté en 50 chefs-d'oeuvre, P. Roussel, **5.00**

Nationalisation de l'électricité (La), P. Sauriol, **1.00**

Napoléon vu par Guillemin, H. Guillemin, **2.50**

Objets familiers de nos ancêtres, L. Vermette, N. Genêt, L. Décarie-Audet, **6.00**

On veut savoir, (4 t.), L. Trépanier, **1.00 ch.**

Option Québec, R. Lévesque, **2.00**

Pour entretenir la flamme, L. Rampa, **4.00**

Pour une radio civilisée, G. Proulx, **2.00**

Prague, l'été des tanks, collaboration, **3.00**

Premiers sur la lune, Armstrong-Aldrin-Collins, **6.00**

Prisonniers à l'Oflag 79, P. Vallée, **1.00**

Prostitution à Montréal (La), T. Limoges, **1.50**

Provencher, le dernier des coureurs des bois, P. Provencher, **6.00**

Québec 1800, W.H. Bartlett, **15.00**

Rage des goof-balls (La), A. Stanké, M.J. Beaudoin, **1.00**

Rescapée de l'enfer nazi, R. Charrier, **1.50**

Révolte contre le monde moderne, J. Evola, **6.00**

Riopelle, G. Robert, **3.50**

Struma (Le), M. Solomon, **7.00**

Terrorisme québécois (Le), Dr G. Morf, **3.00**

Ti-blanc, mouton noir, R. Laplante, **2.00**

Treizième chandelle (La), L. Rampa, **4.00**

Trois vies de Pearson (Les), Poliquin-Beal, **3.00**

Trudeau, le paradoxe, A. Westell, **5.00**

Un peuple oui, une peuplade jamais! J. Lévesque, **3.00**

Un Yankee au Canada, A. Thério, **1.00**

Une culture appelée québécoise, G. Turi, **2.00**

Vizzini, S. Vizzini, **5.00**

Vrai visage de Duplessis (Le), P. Laporte, **2.00**

ENCYCLOPEDIES

Encyclopédie de la maison québécoise, Lessard et Marquis, **8.00**

Encyclopédie des antiquités du Québec, Lessard et Marquis, **7.00**

Encyclopédie des oiseaux du Québec, W. Earl Godfrey, **8.00**

Encyclopédie du jardinier horticulteur, W.H. Perron, **8.00**

Encyclopédie du Québec, Vol. I et Vol. II, L. Landry, **6.00 ch.**

ESTHETIQUE ET VIE MODERNE

Cellulite (La), Dr G.J. Léonard, **4.00**
Chirurgie plastique et esthétique (La), Dr A. Genest, **2.00**
Embellissez votre corps, J. Ghedin, **2.00**
Embellissez votre visage, J. Ghedin, **1.50**
Etiquette du mariage, Fortin-Jacques, Farley, **4.00**
Exercices pour rester jeune, T. Sekely, **3.00**
Exercices pour toi et moi, J. Dussault-Corbeil, **5.00**
Face-lifting par l'exercice (Le), S.M. Rungé, **4.00**
Femme après 30 ans (La), N. Germain, **3.00**
Femme émancipée (La), N. Germain et L. Desjardins, **2.00**
Leçons de beauté, E. Serei, **2.50**
Médecine esthétique (La), Dr G. Lanctôt, **5.00**
Savoir se maquiller, J. Ghedin, **1.50**
Savoir-vivre, N. Germain, **2.50**
Savoir-vivre d'aujourd'hui (Le), M.F. Jacques, **3.00**
Sein (Le), collaboration, **2.50**
Soignez votre personnalité, messieurs, E. Serei, **2.00**
Vos cheveux, J. Ghedin, **2.50**
Vos dents, Archambault-Déom, **2.00**

LINGUISTIQUE

Améliorez votre français, J. Laurin, **4.00**
Anglais par la méthode choc (L'), J.L. Morgan, **3.00**
Corrigeons nos anglicismes, J. Laurin, **4.00**
Dictionnaire en 5 langues, L. Stanké, **2.00**
Petit dictionnaire du joual au français, A. Turenne, **3.00**
Savoir parler, R.S. Catta, **2.00**
Verbes (Les), J. Laurin, **4.00**

LITTERATURE

Amour, police et morgue, J.M. Laporte, **1.00**
Bigaouette, R. Lévesque, **2.00**
Bousille et les justes, G. Gélinas, **3.00**
Berger (Les), M. Cabay-Marin, Ed. TM, **5.00**
Candy, Southern & Hoffenberg, **3.00**
Cent pas dans ma tête (Les), P. Dudan, **2.50**
Commettants de Caridad (Les), Y. Thériault, **2.00**
Des bois, des champs, des bêtes, J.C. Harvey, **2.00**
Ecrits de la Taverne Royal, collaboration, **1.00**
Exodus U.K., R. Rohmer, **8.00**
Exxoneration, R. Rohmer, **7.00**
Homme qui va (L'), J.C. Harvey, **2.00**
J'parle tout seul quand j'en narrache, E. Coderre, **3.00**
Malheur a pas des bons yeux (Le), R. Lévesque, **2.00**
Marche ou crève Carignan, R. Hollier, **2.00**
Mauvais bergers (Les), A.E. Caron, **1.00**
Mes anges sont des diables, J. de Roussan, **1.00**
Mon 29e meurtre, Joey, **8.00**
Montréalités, A. Stanké, **1.50**
Mort attendra (La), A. Malavoy, **1.00**
Mort d'eau (La), Y. Thériault, **2.00**
Ni queue, ni tête, M.C. Brault, **1.00**
Pays voilés, existences, M.C. Blais, **1.50**
Pomme de pin, L.P. Dlamini, **2.00**
Printemps qui pleure (Le), A. Thério, **1.00**
Propos du timide (Les), A. Brie, **1.00**
Séjour à Moscou, Y. Thériault, **2.00**
Tit-Coq, G. Gélinas, **4.00**
Toges, bistouris, matraques et soutanes, collaboration, **1.00**
Ultimatum, R. Rohmer, **6.00**
Un simple soldat, M. Dubé, **4.00**
Valérie, Y. Thériault, **2.00**
Vertige du dégoût (Le), E.P. Morin, **1.00**

LIVRES PRATIQUES – LOISIRS

Aérobix, Dr P. Gravel, **3.00**
Alimentation pour futures mamans, T. Sekely et R. Gougeon, **4.00**
Améliorons notre bridge, C. Durand, **6.00**
Apprenez la photographie avec Antoine Desilets, A. Desilets, **5.00**

Arbres, les arbustes, les haies (Les), P. Pouliot, **7.00**
Armes de chasse (Les), Y. Jarrettie, **3.00**
Astrologie et l'amour (L'), T. King, **6.00**
Bougies (Les), W. Schutz, **4.00**
Bricolage (Le), J.M. Doré, **4.00**
Bricolage au féminin (Le), J.-M. Doré, **3.00**
Bridge (Le), V. Beaulieu, **4.00**
Camping et caravaning, J. Vic et R. Savoie, **2.50**
Caractères par l'interprétation des visages, (Les), L. Stanké, **4.00**
Ciné-guide, A. Lafrance, **3.95**
Chaînes stéréophoniques (Les), G. Poirier, **6.00**
Cinquante et une chansons à répondre, P. Daigneault, **3.00**
Comment amuser nos enfants, L. Stanké, **4.00**
Comment tirer le maximum d'une mini-calculatrice, H. Mullish, **4.00**
Conseils à ceux qui veulent bâtir, A. Poulin, **2.00**
Conseils aux inventeurs, R.A. Robic, **3.00**
Couture et tricot, M.H. Berthouin, **2.00**
Dictionnaire des mots croisés, noms propres, collaboration, **6.00**
Dictionnaire des mots croisés, noms communs, P. Lasnier, **5.00**
Fins de partie aux dames, H. Tranquille, G. Lefebvre, **4.00**
Fléché (Le), L. Lavigne et F. Bourret, **4.00**
Fourrure (La), C. Labelle, **4.00**
Guide complet de la couture (Le), L. Chartier, **4.00**
Guide de la secrétaire, M. G. Simpson, **6.00**
Hatha-yoga pour tous, S. Piuze, **4.00**
8/Super 8/16, A. Lafrance, **5.00**
Hypnotisme (L'), J. Manolesco, **3.00**
Information Voyage, R. Viau et J. Daunais, Ed. TM, **6.00**
Interprétez vos rêves, L. Stanké, **4.00**
J'installe mon équipement stéréo, T. I et II, J.M. Doré, **3.00 ch.**
Jardinage (Le), P. Pouliot, **4.00**
Je décore avec des fleurs, M. Bassili, **4.00**
Je développe mes photos, A. Desilets, **6.00**
Je prends des photos, A. Desilets, **6.00**
Jeux de cartes, G. F. Hervey, **10.00**
Jeux de société, L. Stanké, **3.00**
Lignes de la main (Les), L. Stanké, **4.00**
Magie et tours de passe-passe, I. Adair, **4.00**
Massage (Le), B. Scott, **4.00**
Météo (La), A. Ouellet, **3.00**
Nature et l'artisanat (La), P. Roy, **4.00**
Noeuds (Les), G.R. Shaw, **4.00**
Origami I, R. Harbin, **3.00**
Origami II, R. Harbin, **3.00**
Ouverture aux échecs (L'), C. Coudari, **4.00**
Parties courtes aux échecs, H. Tranquille, **5.00**
Petit manuel de la femme au travail, L. Cardinal, **4.00**
Photo-guide, A. Desilets, **3.95**
Plantes d'intérieur (Les), P. Pouliot, **7.00**
Poids et mesures, calcul rapide, L. Stanké, **3.00**
Tapisserie (La), T.-M. Perrier, N.-B. Langlois, **5.00**
Taxidermie (La), J. Labrie, **4.00**
Technique de la photo, A. Desilets, **6.00**
Techniques du jardinage (Les), P. Pouliot, **6.00**
Tenir maison, F.G. Smet, **3.00**
Tricot (Le), F. Vandelac, **4.00**
Vive la compagnie, P. Daigneault, **3.00**
Vivre, c'est vendre, J.M. Chaput, **4.00**
Voir clair aux dames, H. Tranquille, **3.00**
Voir clair aux échecs, H. Tranquille et G. Lefebvre, **4.00**
Votre avenir par les cartes, L. Stanké, **4.00**
Votre discothèque, P. Roussel, **4.00**
Votre pelouse, P. Pouliot, **5.00**

LE MONDE DES AFFAIRES ET LA LOI

ABC du marketing (L'), A. Dahamni, **3.00**
Bourse (La), A. Lambert, **3.00**
Budget (Le), collaboration, **4.00**
Ce qu'en pense le notaire, Me A. Senay, **2.00**
Connaissez-vous la loi? R. Millet, **3.00**
Dactylographie (La), W. Lebel, **2.00**
Dictionnaire de la loi (Le), R. Millet, **2.50**
Dictionnaire des affaires (Le), W. Lebel, **3.00**
Dictionnaire économique et financier, E. Lafond, **4.00**
Divorce (Le), M. Champagne et Léger, **3.00**
Guide de la finance (Le), B. Pharand, **2.50**
Initiation au système métrique, L. Stanké, **5.00**
Loi et vos droits (La), Me P.A. Marchand, **5.00**
Savoir organiser, savoir décider, G. Lefebvre, **4.00**
Secrétaire (Le/La) bilingue, W. Lebel, **2.50**

PATOF

Cuisinons avec Patof, J. Desrosiers, **1.29**
Patof raconte, J. Desrosiers, **0.89**
Patofun, J. Desrosiers, **0.89**

SANTE, PSYCHOLOGIE, EDUCATION

Activité émotionnelle (L'), P. Fletcher, **3.00**
Allergies (Les), Dr P. Delorme, **4.00**
Apprenez à connaître vos médicaments, R. Poitevin, **3.00**
Caractères et tempéraments, C.-G. Sarrazin, **3.00**
Comment animer un groupe, collaboration, **4.00**
Comment nourrir son enfant, L. Lambert-Lagacé, **4.00**
Comment vaincre la gêne et la timidité, R.S. Catta, **3.00**
Communication et épanouissement personnel, L. Auger, **4.00**
Complexes et psychanalyse, P. Valinieff, **4.00**
Contact, L. et N. Zunin, **6.00**
Contraception (La), Dr L. Gendron, **3.00**
Cours de psychologie populaire, F. Cantin, **4.00**
Dépression nerveuse (La), collaboration, **4.00**
Développez votre personnalité, vous réussirez, S. Brind'Amour, **3.00**
Douze premiers mois de mon enfant (Les), F. Caplan, **10.00**
Dynamique des groupes, Aubry-Saint-Arnaud, **3.00**
En attendant mon enfant, Y.P. Marchessault, **4.00**
Femme enceinte (La), Dr R. Bradley, **4.00**
Guérir sans risques, Dr E. Plisnier, **3.00**
Guide des premiers soins, Dr J. Hartley, **4.00**
Guide médical de mon médecin de famille, Dr M. Lauzon, **3.00**
Langage de votre enfant (Le), C. Langevin, **3.00**
Maladies psychosomatiques (Les), Dr R. Foisy, **3.00**
Maman et son nouveau-né (La), T. Sekely, **3.00**
Mathématiques modernes pour tous, G. Bourbonnais, **4.00**
Méditation transcendantale (La), J. Forem, **6.00**
Mieux vivre avec son enfant, D. Calvet, **4.00**
Parents face à l'année scolaire (Les), collaboration, **2.00**
Personne humaine (La), Y. Saint-Arnaud, **4.00**
Pour bébé, le sein ou le biberon, Y. Pratte-Marchessault, **4.00**
Pour vous future maman, T. Sekely, **3.00**
15/20 ans, F. Tournier et P. Vincent, **4.00**
Relaxation sensorielle (La), Dr P. Gravel, **3.00**
S'aider soi-même, L. Auger, **4.00**
Soignez-vous par le vin, Dr E. A. Maury, **4.00**
Volonté (La), l'attention, la mémoire, R. Tocquet, **4.00**
Vos mains, miroir de la personnalité, P. Maby, **3.00**
Votre personnalité, votre caractère, Y. Benoist-Morin, **3.00**
Yoga, corps et pensée, B. Leclerq, **3.00**
Yoga, santé totale pour tous, G. Lescouflar, **3.00**

SEXOLOGIE

Adolescent veut savoir (L'), Dr L. Gendron, **3.00**
Adolescente veut savoir (L'), Dr L. Gendron, **3.00**
Amour après 50 ans (L'), Dr L. Gendron, **3.00**
Couple sensuel (Le), Dr L. Gendron, **3.00**
Déviations sexuelles (Les), Dr Y. Léger, **4.00**
Femme et le sexe (La), Dr L. Gendron, **3.00**
Helga, E. Bender, **6.00**
Homme et l'art érotique (L'), Dr L. Gendron, **3.00**
Madame est servie, Dr L. Gendron, **2.00**
Maladies transmises par relations sexuelles, Dr L. Gendron, **2.00**
Mariée veut savoir (La), Dr L. Gendron, **3.00**
Ménopause (La), Dr L. Gendron, **3.00**
Merveilleuse histoire de la naissance (La), Dr L. Gendron, **4.50**
Qu'est-ce qu'un homme, Dr L. Gendron, **3.00**
Qu'est-ce qu'une femme, Dr L. Gendron, **4.00**
Quel est votre quotient psycho-sexuel? Dr L. Gendron, **3.00**
Sexualité (La), Dr L. Gendron, **3.00**
Teach-in sur la sexualité, Université de Montréal, **2.50**
Yoga sexe, Dr L. Gendron et S. Piuze, **4.00**

SPORTS (collection dirigée par Louis Arpin)

ABC du hockey (L'), H. Meeker, **4.00**
Aikido, au-delà de l'agressivité, M. Di Villadorata, **4.00**
Bicyclette (La), J. Blish, **4.00**
Comment se sortir du trou au golf, Brien et Barrette, **4.00**
Courses de chevaux (Les), Y. Leclerc, **3.00**

Devant le filet, J. Plante, **4.00**
D. Brodeur, **4.00**
Entraînement par les poids et haltères,
F. Ryan, **3.00**
Expos, cinq ans après,
D. Brodeur, J.-P. Sarrault, **3.00**
Football (Le), collaboration, **2.50**
Football professionnel, J. Séguin, **3.00**
Guide de l'auto (Le) (1967), J. Duval, **2.00**
(1968-69-70-71), 3.00 chacun
Guy Lafleur, Y. Pedneault et D. Brodeur, **4.00**
Guide du judo, au sol (Le), L. Arpin, **4.00**
Guide du judo, debout (Le), L. Arpin, **4.00**
Guide du self-defense (Le), L. Arpin, **4.00**
Guide du trappeur,
P. Provencher, **4.00**
Initiation à la plongée sous-marine,
R. Goblot, **5.00**
J'apprends à nager, R. Lacoursière, **4.00**
Jocelyne Bourassa,
J. Barrette et D. Brodeur, **3.00**
Jogging (Le), R. Chevalier, **5.00**
Karaté (Le), Y. Nanbu, **4.00**
Kung-fu, R. Lesourd, **5.00**
Livre des règlements, LNH, **1.50**
Lutte olympique (La), M. Sauvé, **4.00**
Match du siècle: Canada-URSS,
D. Brodeur, G. Terroux, **3.00**
Mon coup de patin, le secret du hockey,
J. Wild, **3.00**
Moto (La), Duhamel et Balsam, **4.00**
Natation (La), M. Mann, **2.50**
Natation de compétition (La),
R. Lacoursière, **3.00**
Parachutisme (Le), C. Bédard, **5.00**
Pêche au Québec (La), M. Chamberland, **5.00**
Petit guide des Jeux olympiques,
J. About, M. Duplat, **2.00**
Puissance au centre, Jean Béliveau,
H. Hood, **3.00**
Raquette (La), Osgood et Hurley, **4.00**
Ski (Le), W. Schaffler-E. Bowen, **3.00**
Ski de fond (Le), J. Caldwell, **4.00**
Soccer, G. Schwartz, **3.50**
Stratégie au hockey (La), J.W. Meagher, **3.00**
Surhommes du sport, M. Desjardins, **3.00**
Techniques du golf,
L. Brien et J. Barrette, **4.00**
Techniques du tennis, Ellwanger, **4.00**
Tennis (Le), W.F. Talbert, **3.00**
Tous les secrets de la chasse,
M. Chamberland, **3.00**
Tous les secrets de la pêche,
M. Chamberland, **3.00**
36-24-36, A. Coutu, **3.00**
Troisième retrait (Le), C. Raymond,
M. Gaudette, **3.00**
Vivre en forêt, P. Provencher, **4.00**
Vivre en plein air, P. Gingras, **4.00**
Voie du guerrier (La), M. di Villadorata, **4.00**
Voile (La), Nik Kebedgy, **5.00**

Ouvrages parus à L'ACTUELLE JEUNESSE

Echec au réseau meurtrier, R. White, **1.00**
Engrenage (L'), C. Numainville, **1.00**
Feuilles de thym et fleurs d'amour,
M. Jacob, **1.00**
Lady Sylvana, L. Morin, **1.00**
Moi ou la planète, C. Montpetit, **1.00**
Porte sur l'enfer, M. Vézina, **1.00**
Silences de la croix du Sud (Les),
D. Pilon, **1.00**
Terreur bleue (La), L. Gingras, **1.00**
Trou (Le), S. Chapdelaine, **1.00**
Une chance sur trois, S. Beauchamp, **1.00**
22,222 milles à l'heure, G. Gagnon, **1.00**

Ouvrages parus à L'ACTUELLE

Aaron, Y. Thériault, **3.00**
Agaguk, Y. Thériault, **4.00**

Allocutaire (L'), G. Langlois, **2.50**
Bois pourri (Le), A. Maillet, **2.50**
Carnivores (Les), F. Moreau, **2.50**
Carré Saint-Louis, J.J. Richard, **3.00**
Centre-ville, J.-J. Richard, **3.00**
Chez les termites,
M. Ouellette-Michalska, **3.00**
Cul-de-sac, Y. Thériault, **3.00**
D'un mur à l'autre, P.A. Bibeau, **2.50**
Danka, M. Godin, **3.00**
Débarque (La), R. Plante, **3.00**
Demi-civilisés (Les), J.C. Harvey, **3.00**
Dernier havre (Le), Y. Thériault, **3.00**
Domaine de Cassaubon (Le),
G. Langlois, **3.00**
Dompteur d'ours (Le), Y. Thériault, **3.00**
Doux Mal (Le), A. Maillet, **3.00**
En hommage aux araignées, E. Rochon, **3.00**
Et puis tout est silence, C. Jasmin, **3.00**
Faites de beaux rêves, J. Poulin, **3.00**
Fille laide (La), Y. Thériault, **4.00**
Fréquences interdites, P.-A. Bibeau, **3.00**
Fuite immobile (La), G. Archambault, **3.00**
Jeu des saisons (Le),
M. Ouellette-Michalska, **2.50**
Marche des grands cocus (La),
R. Fournier, **3.00**
Monsieur Isaac, N. de Bellefeuille et
G. Racette, **3.00**
Mourir en automne, C. de Cotret, **2.50**
N'Tsuk, Y. Thériault **3.00**
Neuf jours de haine, J.J. Richard, **3.00**
New Medea, M. Bosco, **3.00**
Ossature (L'), R. Morency, **3.00**
Outaragasipi (L'), C. Jasmin, **3.00**
Petite fleur du Vietnam (La),
C. Gaumont, **3.00**
Pièges, J.J. Richard, **3.00**
Porte Silence, P.A. Bibeau, **2.50**
Requiem pour un père, F. Moreau, **2.50**
Scouine (La), A. Laberge, **3.00**
Tayaout, fils d'Agaguk, Y. Thériault, **3.00**
Tours de Babylone (Les), M. Gagnon, **3.00**
Vendeurs du Temple (Les), Y. Thériault, **3.00**
Visages de l'enfance (Les), D. Blondeau, **3.00**
Vogue (La), P. Jeancard, **3.00**

Ouvrages parus aux PRESSES LIBRES

Amour (L'), collaboration **7.00**
Amour humain (L'), R. Fournier, **2.00**
Anik, Gilan, **3.00**
Ariâme . . .Plage nue, P. Dudan, **3.00**
Assimilation pourquoi pas? (L'),
L. Landry, **2.00**
Aventures sans retour, C.J. Gauvin, **3.00**
Bateau ivre (Le), M. Metthé, **2.50**
Cent Positions de l'amour (Les),
H. Benson, **4.00**
Comment devenir vedette, J. Beaulne, **3.00**
Couple sensuel (Le), Dr L. Gendron, **3.00**
Démesure des Rois (La),
P. Raymond-Pichette, **4.00**
Des Zéroquois aux Québécois,
C. Falardeau, **2.00**
Emmanuelle à Rome, 5.00
Exploits du Colonel Pipe (Les),
R. Pradel, **3.00**
Femme au Québec (La),
M. Barthe et M. Dolment, **3.00**
Franco-Fun Kébecwa, F. Letendre, **2.50**
Guide des caresses, P. Valinieff, **4.00**
Incommunicants (Les), L. Leblanc, **2.50**
Initiation à Menke Katz, A. Amprimoz, **1.50**
Joyeux Troubadours (Les), A. Rufiange, **2.00**
Ma cage de verre, M. Metthé, **2.50**
Maria de l'hospice, M. Grandbois, **2.00**
Menues, dodues, Gilan, **3.00**
Mes expériences autour du monde,
R. Boisclair, **3.00**
Mine de rien, G. Lefebvre, **3.00**
Monde agricole (Le), J.C. Magnan, **3.50**
Négresse blonde aux yeux bridés (La),
C. Falardeau, **2.00**
Niska, G. Robert, **12.00**
Paradis sexuel des aphrodisiaques (Le),
M. Rouet, **4.00**
Plaidoyer pour la grève et la contestation,
A. Beaudet, **2.00**
Positions +, J. Ray, **4.00**
Pour une éducation de qualité au Québec,
C.H. Rondeau, **2.00**
Québec français ou Québec québécois,
L. Landry, **3.00**
Rêve séparatiste (Le), L. Rochette, **2.00**
Sans soleil, M. D'Allaire, **4.00**
Séparatiste, non, 100 fois non!
Comité Canada, **2.00**
Terre a une taille de guêpe (La),
P. Dudan, **3.00**
Tocap, P. de Chevigny, **2.00**
Virilité et puissance sexuelle, M. Rouet, **4.00**
Voix de mes pensées (La), E. Limet, **2.50**